멸종동물

지켜 주지 못해
미안해!

사진출처

셔터스톡_ 20p / 삼엽충 화석 22·99p / 지구 온난화 23·105p / 숲 파괴 29p / 잠자리, 실러캔스, 바퀴벌레, 앵무조개, 오리너구리 38p / 신생대 상상도 39p / 검치호랑이, 디프로토돈, 메가테리움, 매머드 41·43·101p / 인류의 진화 44p / 〈쥐라기 공원〉 촬영지 45p / 호박에 갇힌 모기 화석 52p / 질랜디아 대륙 56·102p / 도도 57p / 스텔러바다소 58p / 파란영양 60·103p / 시베리아 호랑이 61p / 크낙새 64p / 꿀벌 65p / 꿀벌 73p / 수마트라 오랑우탄 75·105p / 생물 다양성 76p / 쓰레기로 고통받는 바다표범과 바다거북 77p / 녹고 있는 빙하 78·104p / 반달가슴곰 79p / 조류 충돌 방지 스티커 82p / 모피 옷, 샴악어 90·106p / 세계 자연 기금 96~97p / 제인 구달 97p / 침팬지

플리커_ 40p / 루시(Herman Pijpers) 45p / 매머드(Ruth Hartnup)

위키미디어_ 54p / 황금두꺼비(Charles H. Simith) 55p / 캐롤라이나앵무(Fritz Geller-Grimm) 59p / 포클랜드 늑대(John Gerrard Keulemans) 90p / 국제 자연 보전 연맹 본부(Erich Iseli)

한국관광공사_ 79p / 점박이물범(김창환)

국립생태원_ 92p / 멸종 위기종 복원 센터

대한민국역사박물관 현대사아카이브_ 93·107p / 장생포 고래 박물관

통합교과 시리즈

지켜 주지 못해 미안해! 멸종 동물

ⓒ 최설희, 2022

1판 1쇄 발행 2022년 10월 10일 | **1판 2쇄 발행** 2023년 10월 20일

글 최설희 | **그림** 뿜작가 | **감수** 서울과학교사모임
펴낸이 권준구 | **펴낸곳** (주)지학사
본부장 황홍규 | **편집장** 김지영 | **편집** 박보영 이지연 | **교정교열** 박미영
디자인 이혜리 | **마케팅** 송성만 손정빈 윤술옥 박주현 | **제작** 김현정 이진형 강석준 오지형
등록 2010년 1월 29일(제313-2010-24호) | **주소** 서울시 마포구 신촌로6길 5
전화 02.330.5263 | **팩스** 02.3141.4488 | **이메일** arbolbooks@jihak.co.kr
ISBN 979-11-6204-128-4 74400
ISBN 979-11-85786-82-7 74400(세트)
잘못된 책은 구입하신 곳에서 바꿔 드립니다.

제조국 대한민국 **사용연령** 8세 이상
KC마크는 이 제품이 공통안전기준에 적합하였음을 의미합니다.

지학사아르볼 아르볼은 '나무'를 뜻하는 스페인어. 어린이들의 마음에 담긴 씨앗을 알찬 열매로 맺게 하는 나무가 되겠습니다.
홈페이지 www.jihak.co.kr/arb/book | **포스트** post.naver.com/arbolbooks

펴냄글

 ### 과학은 왜 어려울까?

- 생명과학, 지구과학, 물리학, 화학 등 공부해야 할 범위가 넓다.
- 책이나 교과서를 볼 땐 이해할 것 같다가도 돌아서면 헷갈린다.
- 과학 현상이나 원리가 어려워서 이해가 안 된다.
- 과학 공부를 할 때 어려운 단어가 많이 나온다.

 ### 과학 공부, 쉽게 하려면 통합교과 시리즈를 펼치자!

통합교과란?
- 서로 다른 교과를 주제나 활동 중심으로 엮은 새로운 개념의 교과
- 하나의 주제를 **개념·과학·역사·환경·사회** 등 다양한 영역에서 접근해 정보 전달 효과를 높임
- 문·이과 통합 교육 과정에 안성맞춤

이런 학생들에게 통합교과 시리즈를 추천합니다!

과학 교과를 처음 배우는 초등학교 **3학년**

과학이 지겹고 어렵게 느껴지는 **4학년**

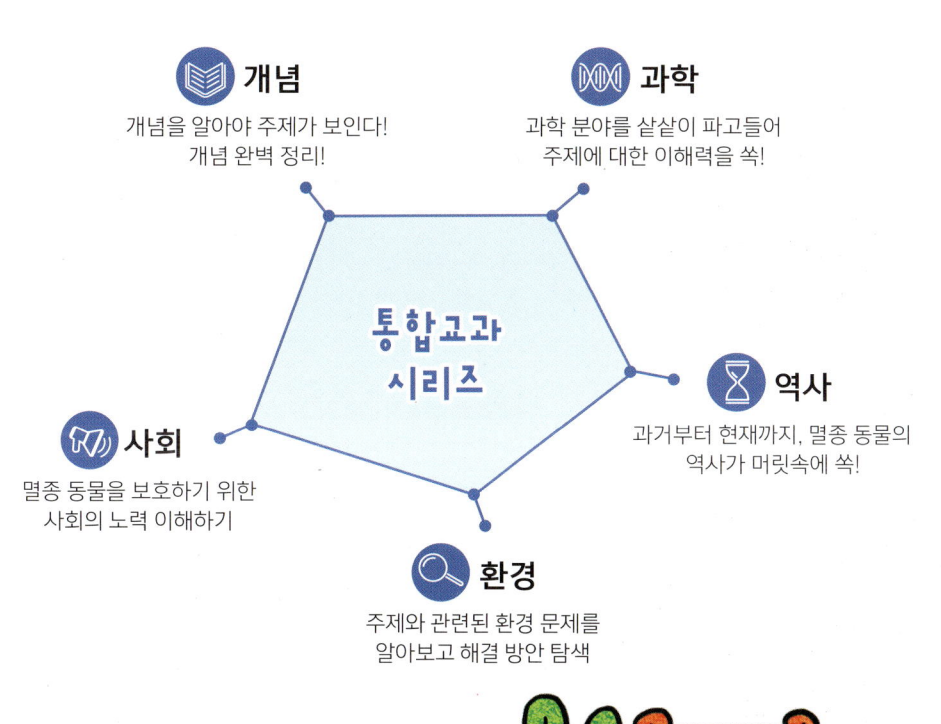

개념
개념을 알아야 주제가 보인다!
개념 완벽 정리!

과학
과학 분야를 샅샅이 파고들어
주제에 대한 이해력을 쏙!

통합교과 시리즈

역사
과거부터 현재까지, 멸종 동물의
역사가 머릿속에 쏙!

사회
멸종 동물을 보호하기 위한
사회의 노력 이해하기

환경
주제와 관련된 환경 문제를
알아보고 해결 방안 탐색

차례

1화
호랑이를 찾는 별주부
개념 지구에서 사라지는 동물 10

- 16 멸종이란 무엇일까?
- 19 대멸종과 지구에서 사라진 생명체들
- 22 왜 사라지는 걸까?
- 28 한 걸음 더 살아 있는 화석

2화
공룡이 사라졌다!
과학 공룡과 멸종 30

- 36 공룡이 사라진 이유
- 38 포유류의 시대
- 40 인류의 등장
- 44 한 걸음 더 멸종된 공룡을 복원할 수 있을까?

3화
모두 어디로 갔을까?
역사 지금까지 사라진 동물 46

- 52 고대 동물의 멸종
- 54 살 곳이 사라졌어!
- 56 사냥은 그만!
- 58 털이 아름다워서 문제!
- 60 우리나라 동물은 어디로 갔을까?
- 64 한 걸음 더 벌이 멸종하면 인간도 위험해!

4화
멸종을 막아라! 〔환경〕 환경 오염과 멸종 66

- 72 얼마 남지 않은 동물
- 74 멸종 앞에 놓인 우리
- 76 지구를 되살리려면?
- 78 멸종 위기 동물을 보호하자!
- 82 한 걸음 더 모피와 악어 가죽, 오리털의 진실

5화
모이면 힘이 세! 〔사회〕 멸종을 막기 위한 노력 84

- 90 멸종 위기 동물 보호에 앞장선 세계 기구
- 92 우리나라의 멸종 위기 동물을 위한 기관
- 96 한 걸음 더 동물학자 제인 구달

- 98 워크북
- 108 정답 및 해설
- 110 찾아보기

등장인물

별주부

고전 소설 《별주부전》(《토끼전》이라고도 함)의 주인공. 별주부의 '별'은 자라를 뜻하고, '주부'는 벼슬 이름이에요. 소설에서는 용왕의 병을 고치기 위해 토끼의 간을 구하러 육지로 나갔어요. 이번에도 용왕의 병을 낫게 할 약재료를 구하기 위해 육지에 나갔다가 많은 동물이 멸종되었고, 멸종 위기에 처했다는 사실을 알게 됩니다.

아들

공룡을 좋아해서 아버지와 함께 공룡 흔적이 많이 남은 곳을 탐사하러 왔다가 별주부를 만나요. 별주부를 도와주다가 동물 보호에 관심을 가져요.

아빠

공룡을 좋아하는 아들과 함께
탐사를 왔다가 별주부를 만나요.
과학에 관심이 많아서 별주부에게
도움을 줘요.

용왕

바닷속 용궁에서 사는 왕.
병에 걸렸는데 용궁의 약으로는
낫지 않자 별주부를 육지로 보내서
약을 구해 오라고 명령해요.

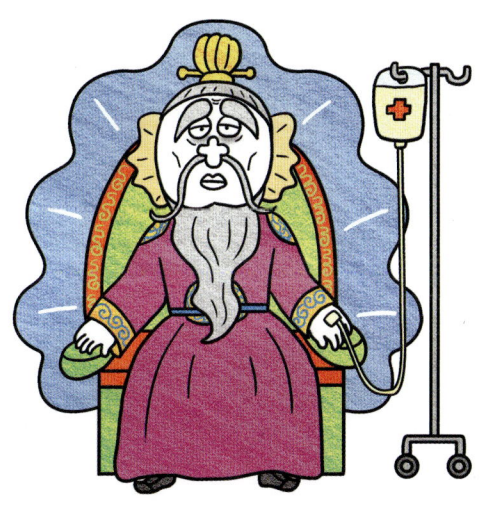

1화
호랑이를 찾는 별주부

개념 지구에서 사라지는 동물

- 멸종이란 무엇일까?
- 대멸종과 지구에서 사라진 생명체들
- 왜 사라지는 걸까?

한눈에 쏙 지구에서 사라지는 동물
한 걸음 더 살아 있는 화석

멸종이란 무엇일까?

어떤 생물의 종*이 세상에서 완전히 사라지는 것을 '멸종'이라고 해요. 생물체 하나가 죽는 게 아니라, 그 후손들까지도 더 이상 지구에서 볼 수 없게 된 상태를 말하지요.

멸종은 지구 역사의 일부분

지구는 약 46억 년 전에 만들어졌고, 지구의 생명체는 약 35억 년 전에 나타났어요. 그 뒤로 생물의 종류는 빠르게 늘어났지요. 새로운 생물이 폭발적으로 늘어나자 지구의 모습은 매우 다양해졌어요.

공룡은 다 초록색일 것 같지? 아니야. 그건 다 인간의 상상일 뿐! 진짜 내 피부색은 아무도 모른다고!

아주 오래전에 지구를 차지했던 생물 가운데 지금은 볼 수 없는 것이 많아요. 가장 대표적인 생물이 공룡이에요. 공룡은 이미 멸종했기 때문에 화석*으로 그 생김새를 짐작할 수밖에 없지요.

생물이 멸종하는 이유는 아주 다양해요. 먼저, 서로 먹고 먹히며 경쟁하다가 사라졌어요. 그리고 지구의 환경이 계속 변하는 동안 환경에 적응해서 살아남은 생물은 자손을 낳으며 늘어난 반면, 어떤 생물은 환경에 적응하지 못해 멸종하기도 했지요. 태풍이나 지진, 화산 폭발 같은 자연재해 때문에 멸종되기도 했어요. 작고 힘없는 생물도, 크고 강한 생물도 자연이 일으킨 멸종

★ **종** 생물을 분류하는 가장 기본적인 단위로 자손을 낳을 수 있는 무리
★ **화석** 아주 오래전에 살았던 생물이나, 그 생물의 활동 흔적이 돌처럼 단단해져 남아 있는 것

을 피할 수는 없어요.

　오랜 시간을 거치며 지구 위의 많은 생물이 번성했다가 멸종했고, 또 새로운 생물이 나타났어요. 지구의 길고 긴 역사 위에서 생물의 진화와 멸종은 아주 오래전에도, 그리고 지금 이 시간에도 일어나고 있는 현상이에요. 지구 위에서 살아가는 모든 생명체는 언젠가는 멸종할 수 있다는 이야기지요.

멸종 동물이 생겨난 새로운 이유

　멸종은 대부분 자연이 일으키는 현상 가운데 하나였어요. 지구 위의 수많은 동물은 다양한 이유로 자연스럽게 개체 수가 줄어들다가 멸종했지요. 하지만 최근에는 멸종의 이유가 달라졌어요. 그것은 바로 인간 때문이에요.

　지구는 오랜 시간 동안 다양한 변화를 거치면서 푸른 바다와 강, 울창한 숲, 숨 쉬기에 적당한 공기를 갖추었어요. 이러한 자연 속에서 무수한 생명체가 함께 살아가고 있지요. 그런데 인간 때문에 지구가 빠르게 망가지고 있어요. 인간이 바다를 오염시키고 숲을 사라지게 하고, 지구의 기온을 높였어요. 그 바람에 극지방의 얼음도 녹고 있지요.

인간이 자연을 파괴한 탓에 살 곳을 잃어 멸종 위기에 놓인 동물들도 늘어나고 있어요. 또 어떤 동물은 인간의 무자비한 사냥으로 멸종하기도 했어요.

멸종 동물에 대해 알아야 하는 이유

인간만큼 다른 생물을 많이 멸종시킨 생물은 없어요. 인간의 다양한 활동이 지구를 훼손하고 동물의 목숨을 위협하고 있지요. 하지만 인간이 잊지 말아야 할 것이 있어요. 지구는 우리의 것이 아니에요. 수많은 생명체가 함께 살아가야 할 터전이랍니다.

인간은 지구에서 살아가는 수많은 생명체 중 하나일 뿐이므로, 지구를 지키고 다 함께 살아가도록 노력해야 해요. 우리에게는 더 이상 다른 생명체가 피해를 입지 않도록 관심을 갖고 돌보아야 할 의무가 있답니다.

나 좀 살려 줘! 얼음 위를 걷고 싶단 말이야!

TIP
지구를 위해 10분만 불을 꺼 주세요!

우리나라에서는 매년 4월 22일 저녁 8시부터 약 10분간 불을 끄는 소등 행사가 진행됩니다. 이날이 바로 지구 환경 오염 문제의 심각성을 알리기 위해 만든 '지구의 날'이기 때문이에요. 약 10분간 불을 끄는 것으로 얼마나 효과가 있을까요? 환경부의 발표에 따르면 이날 공공 기관과 주요 건물 등에서 10분간 모든 불을 끌 경우, 약 52톤에 이르는 이산화 탄소를 줄이는 효과를 볼 수 있다고 해요. 이것은 30년생 소나무 7,900여 그루가 1년 동안 흡수하는 이산화 탄소 양과 맞먹는다고 하네요.

 대멸종과 지구에서 사라진 생명체들

지구의 역사를 통틀어 다섯 번의 거대한 멸종이 있었다고 해요. 이를 대멸종이라고 하지요. 대멸종은 많은 생물을 사라지게 한 반면, 새로운 생명이 탄생할 기회가 되기도 했어요. 멸종의 원인은 남아 있는 화석을 통해 추측할 수 있어요.

이참에 나도 멸종 동물을 자세히 알아봐야지!

1차 대멸종

기온이 급격히 낮아지면서 지구 대부분이 얼음으로 뒤덮였을 거라고 추측하고 있어요. 당시에는 생물 대부분이 바다에 살았는데, 바다가 얼어붙는 바람에 많은 생물이 멸종했지요. 식물도 살아갈 수 없어서 생태계가 크게 파괴되었어요.

2차 대멸종

바닷속 산소의 양이 크게 줄어들어 바다에 살던 많은 생물이 멸종했어요. 우주에서 지구로 날아와 부딪히는 암석이 많았던 것도 대멸종의 원인으로 추측하고 있어요.

3차 대멸종

지구 역사상 가장 규모가 큰 멸종이에요. 시베리아에서 100만 년 동안 화산이 폭발하면서 어마어마한 양의 용암이 뿜어져 나왔어요. 지구는 뜨거웠고, 연기와 먼지로 가득했지요. 육지와 바다에서는 많은 생물이 버티지 못하고 멸종했어요. 당시 동식물의 90퍼센트 이상이 멸종했고, 특히 고생대를 대표하는 삼엽충 같은 생물도 이때 멸종했어요. 3차 대멸종을 기준으로 고생대와 중생대를 나눕니다.

고생대를 대표하는 삼엽충 화석

4차 대멸종

지구가 계속 불안정했기 때문에 3차 대멸종과 같은 이유로 대멸종이 일어났을 거라고 추측해요. 하나로 붙어 있던 대륙이 분리되어 이

지구의 역사에서 대멸종이 일어난 시기

선캄브리아 (약 46억 년 전)	지구 탄생, 원시 생명체의 등장		
고생대 (약 5억 4,000만 년 전)	캄브리아기	다양한 생물의 등장 삼엽충의 시대	
	오르도비스기		1차 대멸종
	실루리아스기	어류, 양서류의 시대	
	데본기		2차 대멸종
	석탄기		
	페름기		
중생대 (약 2억 5,000만 년 전)	트라이아스기	공룡의 등장	3차 대멸종
	쥐라기	공룡과 암모나이트의 시대	4차 대멸종
	백악기		
신생대 (약 6,500만 년 전)	제3기	포유류의 등장	5차 대멸종
	제4기	인류의 시대, 역사 시대	

동하면서 지구 환경이 크게 바뀐 탓에 많은 생물이 멸종했다고 보는 것이지요.

5차 대멸종

우주에서 날아온 거대한 운석이 지구와 충돌하여 많은 생물이 멸종했어요. 이때 땅 위를 누비던 공룡과 하늘과 바다에 살던 익룡·어룡 같은 거대한 파충류가 멸종했어요. 그 대신 새로운 생물이 그 자리를 차지했지요.

6차 대멸종은 현재 진행 중?

앞에서 이야기한 다섯 번의 대멸종은 하루아침에 일어난 사건이 아니에요. 길게는 몇만 년에 걸쳐 서서히 생물이 사라졌지요.

몇몇 과학자들은 현재 여섯 번째 멸종이 진행 중이라고 주장하고 있어요. 그동안 일어났던 다섯 번의 멸종과는 다르게, 지구의 한 생물 때문에 멸종을 맞을 수 있다고 말이에요. 그 생물이 무엇이냐고요? 바로 인간이에요. 인간의 영향으로 지구의 다양한 생물이 빠르게 사라지고 있기 때문이지요.

하지만 인간도 지구로부터 많은 것을 얻으며 살아가는 생물이에요. 인간이 일으킨 멸종은 결국 인간에게도 영향을 미칠 거예요. 그러므로 멸종 동물에 대해 알고, 멸종의 속도를 늦추는 것이 우리가 해야 할 일이에요.

왜 사라지는 걸까?

지구에는 약 50억~500억 종의 생물이 살았는데, 현재는 약 175만 종*의 생명체가 살고 있다고 해요. 지금도 새로운 종의 생물이 생기고 사라지기를 반복하는 중이랍니다.

대멸종과 진화

인간이 지구에 나타나기 전에 이미 많은 생물이 환경 변화 등으로 멸종했어요. 환경에 적응해 진화한 생물은 살아남았고, 적응하지 못하거나 변하지 못한 생물은 멸종했지요. 우리가 사는 환경은 계속 변하고 있으니 진화와 멸종은 생물의 운명일 수밖에 없어요. 하지만 과거 대멸종의 원인이 자연 현상 때문이라면, 현재 진행되는 대멸종은 인간이 가장 큰 원인이에요. 인간의 어떤 활동으로 생물이 사라지고 있는 걸까요?

지구 온난화로 일어난 기후 변화

빙하가 발달하여 지구의 육지를 넓게 덮었던 시기를 빙하기라고 해요. 반대로 지구의 기후가 따뜻한 때를 간빙기라고 하지요. 지구에는 약 10만 년을 주기로 빙하기가 찾아오며, 현재

★ 지구에 약 1,400만 종 이상의 생물이 사는 것으로 추정되고 있으나 현재까지 알려진 생물은 약 175만 종이에요.

우리는 간빙기에 살고 있답니다.

그런데 지금 지구는 인간이 만든 기후 변화로 위기를 겪고 있어요. 대기 중에 있는 이산화 탄소, 메테인, 아산화 질소 같은 온실가스는 태양열을 흡수하는 기체예요. 이러한 온실가스의 양이 인간의 여러 활동 때문에 급격히 증가하면서 지구의 온도가 높아졌어요. 결국 지구는 지구 온난화라는 기후 위기를 맞게 되었지요. 빙하기나 온난화 같은 급격한 기후 변화가 일어나면 자연에서 살아가는 생명체들은 환경에 적응하지 못해 멸종할 수 있어요.

무분별한 개발과 생태계 파괴

수많은 동물이 살 곳이 없어서 멸종 위기에 놓여 있어요. 동물의 터전인 숲과 바다가 인간에 의해 파괴되고 있기 때문이에요.

인간은 기계를 동원해 숲의 나무를 마구 베고 있어요. 숲을 밀고 그곳에 넓은 농장을 짓거나 공장을 지어요. 특히 세계에서 가장 넓고, 가장 다양한 생물이 사는 아마존 열대 우림의 파괴가 심각하답니다. 아마존 열대 우림은 지구에서 만들어지는 산소의 20퍼센트 이상을 생산해 '지구의 허파'라고 불리는데, 최근에 광산이나 농장을 만든다는 이유로 개발되다가 큰불이 나는 바람에 아마존 숲이 많이 타 버렸어요.

숲뿐만이 아니에요. 해변에는 관광지가 들어서고, 오염된 물과 쓰레기는 강과 바다로 흘러 들어가요. 갯벌을 메워 인간에게 필요한 시설을 짓기 때문에 바닷가에서 살아가야 할 생물이 살 곳을 잃고 있어요. 인간의 무분별한 개발로 자연이 계속해서 훼손되면, 우리의 소중한 생태계는 와르르 무너지고 말 거예요.

독성 강한 살충제

인간은 농작물에 피해를 입히는 벌레를 죽이기 위해 살충제를 만들었어요. DDT라는 살충제는 1960년대에 미국에서 널리 사용됐어요. 그런데 살충제의 독성이 너무 강해서 해충뿐만 아니라 다른 생물의 목숨도 앗아 갔어요. DDT에 오염된 해충, 해충을 잡아먹은 개구리, 개구리를 잡아먹은 새가 모두 목숨을 위협당했지요.

심지어 살충제는 분해도 잘 되지 않아 땅이나 물속에 오래 남아 있었어요. 그래서 땅이나 물에서 살던 동물의 몸속에도 살충제의 독성이 쌓였지요. 그 결과 물고기가 떼죽음을 당해 물 위로 떠오르고, 주변에서 흔히 보이던 새들도 사라졌답니다.

인간의 무분별한 남획

'남획'이란 짐승이나 물고기 등을 많이 잡는 것을 말해요. 동식물이 자연스럽게 번식하는 속도보다 인간이 사냥하거나 채취하는 양이 많으면 결국 자연은 파괴될 수밖에 없어요. 이렇게 인간의 무분별한 남획 때문에 멸종한 동물은 셀 수 없이 많아요.

★ **먹이 사슬** 생태계에서 먹이를 중심으로 먹고 먹히는 생물 간의 관계

특히 먼바다로 나가 물고기를 잡는 대형 배들은 수천 톤의 물고기를 저장할 수 있는 장치를 갖추고 있어요. 이런 배에서 어마어마한 양의 물고기를 잡아들이기 때문에 바다 생물의 개체 수가 빠르게 줄고 있어요. 우리나라의 토종 뱀인 구렁이도 남획으로 멸종 위기종이 되었어요. 몸에 좋다는 소문이 퍼지면서 뱀 사냥꾼들이 마구 잡아들였거든요.

이제 인간은 먹기 위해서, 털이나 가죽을 얻기 위해, 약재료가 되기 때문에, 독특하게 생겨서, 돈을 벌기 위해서 등등 다양한 이유로 동물을 사냥하고 있어요. 필요한 만큼 얻으려는 게 아니라 학살을 저지르고 있는 거지요. 인간에게 과연 그럴 권리가 있는 걸까요?

지구에서 사라지는 동물

멸종

- **멸종**: 어떤 생물의 종이 세상에서 완전히 사라지는 것. 생물체 하나가 죽는 게 아니라 그 후손들까지도 더 이상 볼 수 없게 된 상태를 말함. 멸종은 대부분 자연이 일으키는 현상 가운데 하나임.

대멸종

- **대멸종**: 지구 역사에서 일어난 다섯 번의 거대한 멸종. 대멸종은 많은 생물을 사라지게 한 반면, 새로운 생명이 탄생할 기회이기도 함.
- **1차 대멸종**: 기온이 급격히 낮아지면서 지구 대부분이 얼음으로 뒤덮임. 생물 대부분이 바다에 사는데, 바다가 얼어붙는 바람에 많은 생물이 멸종함.
- **2차 대멸종**: 바닷속 산소의 양이 크게 줄어들어 바다에 살던 많은 생물이 멸종함. 우주에서 지구로 날아와 부딪힌 암석이 대멸종의 원인으로 추측됨.
- **3차 대멸종**: 지구 역사상 가장 규모가 큰 멸종. 100만 년 동안 화산이 폭발하면서 어마어마한 양의 용암이 뿜어져 나옴. 당시 동식물의 90퍼센트 이상이 멸종했고, 많은 고생대 생물이 멸종함.
- **4차 대멸종**: 3차 대멸종과 같은 이유로 대멸종이 일어났을 것으로 추측함. 하나로 붙어 있던 대륙이 분리되면서 많은 생물이 멸종했다고 추측함.

- **5차 대멸종**: 운석이 지구와 충돌하여 많은 생물이 멸종. 공룡과 같은 거대한 파충류가 멸종함.
- **6차 대멸종**: 인간 때문에 일어나는 멸종으로 현재 진행 중임.

인간 때문에 일어나는 멸종
- 지구에는 약 50억~500억 종의 생물이 살았는데, 현재는 약 175만 종만 있음.
- **진화와 멸종**: 환경에 적응해 진화한 생물은 살아남았고, 적응하지 못하거나 변하지 못한 생물은 멸종함.
- **지구 온난화로 일어난 기후 변화**: 인간의 여러 활동으로 온실 가스의 양이 급격히 증가하면서 지구 온난화라는 기후 위기를 맞음. 급격한 기후 변화에 적응하지 못한 생물은 멸종할 수 있음.
- **개발로 인한 생태계 파괴**: 동물의 터전인 숲과 바다가 인간의 무분별한 개발로 파괴되면서 수많은 동물이 살 곳이 사라져 멸종될 위기에 놓임.
- **살충제**: 살충제는 독성이 너무 강해서 농작물에 피해를 입히는 해충뿐 아니라 다른 생물의 목숨도 앗아 감. 살충제는 땅이나 물속에 오래 남아 동물의 몸에 독성이 쌓임.
- **무분별한 남획**: 인간이 짐승이나 물고기 등을 무분별하게 많이 잡아서 멸종함.

살아 있는 화석

'화석'이라는 말을 한자로 살펴보면 '될 화(化)' 자와 '돌 석(石)' 자로 이루어져 있습니다. 그러니까 화석이라는 말에는 '돌이 된다'는 뜻이 들어 있지요. 즉 아주 오래전에 살았던 생물이나 그 생물의 활동 흔적(똥이나 발자국 등)이 돌처럼 단단해져 남아 있는 것을 화석이라고 해요.

화석을 통해 지금은 볼 수 없는 생물의 모습이나 그 생물이 살던 환경을 추측할 수 있어요. 또 각 시대의 화석을 비교하면 생물의 모습이 어떻게 변해 왔는지, 멸종한 생물과 현재를 살고 있는 생물이 어떻게 연결되어 있는지도 알 수 있답니다.

'살아 있는 화석'이란?

화석으로 남은 생물은 대부분 수억, 수천만 년 전에 살던 생물이라 지금은 볼 수 없어요. 오랜 시간이 흐르면서 멸종되었거나 다른 모습으로 진화했기 때문이지요. 그런데 화석 속의 모양과 지금 살아 있는 생물의 모양이 똑같은 경우도 있어요. 이러한 생물을 '살아 있는 화석'이라고 부른답니다. 대표적인 살아 있는 화석으로 은행나무, 소철, 실러캔스, 앵무조개, 바퀴벌레, 오리너구리 등이 있어요.

잠자리

4억 년 전 지구에도 잠자리가 날고 있었어요. 그 잠자리의 날개를 다 펼치면 70센티미터가 넘었답니다.

실러캔스

백악기 때의 화석으로만 남아 멸종한 것으로 여겨졌지만, 1938년에 남아프리카 부근의 어부에게 잡히며 모습을 드러냈어요. 약 4억 년 동안 모습이 변하지 않은 채 살아남은 물고기예요.

바퀴벌레

수차례의 대멸종을 겪고도 살아남은 질긴 생명력을 가진 곤충이에요. 오랫동안 먹지 않아도 살 수 있고, 번식력도 뛰어나 오래 살아남을 수 있었을 거예요.

앵무조개

고생대에 번성했던 암모나이트와 매우 비슷해 암모나이트에서 진화한 것으로 추측하고 있어요. 암모나이트는 백악기에 멸종했지만, 앵무조개는 모습을 유지하며 살아남았어요.

오리너구리

포유류지만 알을 낳고 젖을 먹여 키우는 독특한 생물이에요. 파충류와 포유류의 중간 단계인 생물로, 1억 년 전 화석이 남아 있어요.

2화
공룡이 사라졌다!
과학 공룡과 멸종

- 공룡이 사라진 이유
- 포유류의 시대
- 인류의 등장

한눈에 쏙   공룡과 멸종
한 걸음 더   멸종된 공룡을 복원할 수 있을까?

공룡이 사라진 이유

공룡 화석은 6,500만 년 전까지의 지층*에서만 발견되고 있어요. 그렇다면 지구를 지배했던 공룡은 모두 어디로 사라졌을까요? 과학자들은 공룡이 멸종한 원인을 정확하게 알아내기 위해 연구하고 있는데, 가장 가능성이 높은 원인으로 운석 충돌설을 내놓았어요.

거대한 운석과 충돌한 지구

우주를 떠다니던 거대한 운석이 지구와 부딪히면 어떤 일이 벌어질까요?

6,500만 년 전에 거대한 운석이 지구와 부딪혔는데, 그때의 충격은 엄청났어요. 먼지와 불길이 하늘을 뒤덮었고, 높은 파도가 육지를 휩쓸었지요. 하늘을 뒤덮은 흙먼지가 햇빛을 가린 탓에 지구의 온도는 뚝 떨어졌고, 식물은 죽어 갔어요. 따뜻한 곳에서 생활하던 공룡은 갑자기 추워진 날씨에 적응하지 못하거나 먹이를 구하지 못해 사라졌지요.

이 엄청난 사건으로 육지에 있던 대부분의 척추동물이 멸종했어요.

공룡뿐만 아니라 하늘을 날던 익룡,

★ **지층** 자갈, 모래, 진흙 등이 쌓여 층을 이루고 있는 것

바다에 살던 어룡과 수장룡 등이 모두 사라졌지요. 몇 차례의 대멸종을 버틴 암모나이트도 이때 결국 멸종하고 말았답니다.

포유류의 시대

공룡이 지구의 주인이던 중생대에 포유류도 살고 있었어요. 하지만 포유류는 덩치 크고 사나운 공룡을 피하기 위해 주로 땅굴 같은 곳에서 숨어 지냈어요.

포유류는 몸집도 작았고, 파충류와 달리 체온을 일정하게 유지할 수 있었어요. 추운 곳에서도, 따뜻한 곳에서도 체온을 유지하며 변화하는 환경에 쉽게 적응할 수 있었지요. 포유류는 환경에 적응하는 능력이 뛰어났기 때문에 대멸종에서도 살아남을 수 있었답니다.

중생대 백악기의 대멸종으로 덩치 크고 사나운 동물이 대부분 사라지자 살아남은 포유류가 번성하기 시작했어요. 포유류는 강력한 적이 사라진 땅에서 폭발적으로 늘어났지요. 또 다양한 조류가 하늘을 누비게 되었어요.

거대한 포유류의 등장과 멸종

생물은 환경에 적응하며 살아남기 위해 진화를 거듭했어요. 특히 쥐와 같은 작은 몸으로 세상에 나타난 포유류는 공룡과 익룡 같은 포식자가 멸종하자 비로소 종류와 수를 늘려 갔답니다.

중생대가 파충류의 시대였다면 신생대는 포유류의 시대였어요. 현재 살고 있는 포유류들의 조상이 대부분 이때 나타났지요. 거대한 포유류도 많이 나타났어요. 하지만 검치호랑이, 디프로토돈, 메가테리움, 매머드 등 지구를 누볐던 거대 포유류들은 여러 가지 이유로 멸종해 지금은 화석으로만 전해져요.

검치호랑이   디프로토돈

메가테리움

매머드

인류의 등장

인간은 영장류예요. 영장류는 포유류 중에서 가장 진화한 형태이며 원숭이, 오랑우탄, 침팬지 등도 여기에 속해 있지요. 영장류는 지능이 높고 손이 발달했어요. 인간과 원숭이의 조상은 같지만, 서로 다르게 진화해 갔어요.

최초의 인간, 루시

약 400만 년 전, 아프리카의 숲속 나무 위에서 살던 영장류는 먹이를 찾아 드넓은 초원으로 나왔어요. 이들은 두 발로 걸었고, 두 손을 자유자재로 쓸 수 있었으며, 날카로운 송곳니도 없었어요. 영장류에서 원숭이나 침팬지와는 다르게 진화한 이들이 바로 최초의 인류인 '오스트랄로피테쿠스'랍니다.

1974년, 에티오피아 사막에서 가장 오래된 인류의 화석이 발견되었어요. 약 350만 년에 살았던 것으로 추정되는 이 화석에는 '루시'라는 이름이 지어졌어요.

꼬리에 꼬리를 무는 멸종과 진화

인류는 오른쪽 그림과 같은 순서대로 진화했어요. 약 400만 년 전에 최초의 인류인 오스트랄로피테쿠스가 등장했고, 250만 년 전쯤에는 도구를 사용할 줄 아는 호모 하빌리스가 나타났어요. 하지만 호모 하빌리스는 빙하기를 견디지 못하고 멸종하고 말았지요. 호모 하빌리스 다음으로 등장한 인류는 불을 자유자재로 다룬 호모 에렉투스였어요. 이렇게 진화의 과정을 거치는 동안 멸종도 반드시 일어났지요.

그 뒤로도 인류는 극심한 추위를 이겨 내고, 거대한 짐승과 싸워 살아남아 현재 인류인 '호모 사피엔스 사피엔스'에 이르렀어요. '슬기롭고 슬기로운 사람'이라는 뜻을 가진 이들은 문명을 만들고 역사를 이끌며 현재를 살고 있답니다.

400만 년 전	250만 년 전	180만 년 전	20만 년 전	4만 년 전
오스트랄로피테쿠스	호모 하빌리스	호모 에렉투스	호모 사피엔스	호모 사피엔스 사피엔스
남쪽의 원숭이란 뜻으로 두 발로 걸음	손재주 있는 사람이란 뜻으로 돌로 만든 도구를 사용함	곧게 선 사람이란 뜻으로 불을 발견하고 이용함	슬기로운 사람이란 뜻으로 죽은 사람을 땅속에 묻음	슬기롭고 슬기로운 사람이란 뜻으로 인류의 직접 조상임

공룡과 멸종

공룡이 사라진 이유
- 운석 충돌설: 공룡이 멸종한 원인으로 가장 가능성이 높음. 우주를 떠다니던 거대한 운석이 지구와 부딪힘 ⋯▶ 하늘을 뒤덮은 흙먼지가 햇빛을 가려 지구의 온도가 뚝 떨어짐 ⋯▶ 따뜻한 곳에서 생활하던 공룡은 갑자기 추워진 날씨에 적응하지 못하거나 먹이를 구하지 못해 사라짐 ⋯▶ 공룡뿐만 아니라 하늘을 날던 익룡, 바다에 살던 어룡과 수장룡도 모두 사라짐.

포유류의 시대
- 중생대가 파충류의 시대였다면 신생대는 포유류의 시대임. 현재 살고 있는 포유류들의 조상이 대부분 이때 나타남. 포유류는 파충류와 달리 추운 곳에서도, 따뜻한 곳에서도 체온을 유지하며 변화하는 환경에 쉽게 적응할 수 있음. 환경에 적응하는 능력이 뛰어났기 때문에 대멸종에서도 살아남을 수 있었음.

인류의 등장
- 영장류: 포유류 중에서 가장 진화한 형태로 인간과 원숭이, 오랑우탄, 침팬지 등이 있음. 영장류는 지능이 높고 손이 발달함. 인간과 원숭이의 조상은 같지만 서로 다르게 진화함.

- **최초의 인간, 루시**: 1974년 에티오피아 사막에서 발견된 가장 오래된 인류의 화석. 인류의 조상인 오스트랄로피테쿠스 화석에 루시라는 이름을 붙여 줌.
- **인류의 진화 과정**: 인류는 오스트랄로피테쿠스에서 호모 하빌리스, 호모 에렉투스, 호모 사피엔스, 호모 사피엔스 사피엔스의 순서대로 진화함.

400만 년 전	250만 년 전	180만 년 전	20만 년 전	4만 년 전
오스트랄로피테쿠스	호모 하빌리스	호모 에렉투스	호모 사피엔스	호모 사피엔스 사피엔스
남쪽의 원숭이란 뜻으로 두 발로 걸음	손재주 있는 사람이란 뜻으로 돌로 만든 도구를 사용함	곧게 선 사람이란 뜻으로 불을 발견하고 이용함	슬기로운 사람이란 뜻으로 죽은 사람을 땅속에 묻음	슬기롭고 슬기로운 사람이란 뜻으로 인류의 직접 조상임

멸종된 공룡을 복원할 수 있을까?

영화 〈쥬라기 공원〉은 멸종한 공룡을 되살리는 이야기로 시작해요. 공룡의 피를 빨아 먹은 모기가 나무 진액에 갇혀 화석이 되었는데, 과학자들이 이 모기가 빨아들인 공룡의 피에서 유전 정보를 찾아내어 공룡을 복원한다는 설정이지요.

마치 당장이라도 공룡을 살려 낼 수 있을 것처럼 흥미진진한 이 이야기는 과연 실제로도 가능한 걸까요?

정말 피 한 방울로 공룡을 만들 수 있을까?

공룡을 실제로 볼 수 있다면 많은 어린이가 기뻐할지도 모르겠네요. 하지만 안타깝게도 영화에 나오는 이런 방법으로는 공룡을 되살릴 수 없어요. 수십만 년에서 수억 년을 버틴 화석에는 생물의 유전 정보가 온전하게 남아 있지 않거든요. 공룡은 이미 수천만 년 전에 멸종했는데, 유전자를 품고 있는 DNA는 빠르게 분해되기 때문에 공룡 화석에서 의미 있는 염색체나 유전자를 찾긴 힘들어요. 그러므로 이 방법으로 공룡을 복원하는 것은 불가능하답니다.

매머드를 복원하라!

살아 있는 공룡을 다시 보긴 어렵지만 매머드는 볼 수 있을지도 몰라요. 현재 매머드를 복원하는 연구가 이루어지고 있거든요. 2007년, 러시아 시베리아의 깊은 땅속에서 오랜 시간에 걸쳐 꽁꽁 언 매머드가 발견되었어요. 공룡처럼 뼈만 남아 있는 게 아니라 살과 털, 이빨까지 남아 있었지요. 과학자들은 2만 8,000년 전에 살았던 이 매머드의 근육과 조직에서 세포를 얻어 매머드를 복원하기 위해 연구하고 있어요. 즉, 공룡은 아닐지라도 살아 있는 매머드를 만날 가능성은 열려 있답니다.

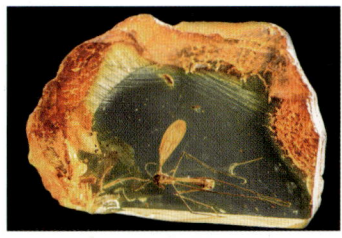

호박에 갇힌 모기 화석

이미 멸종된 동물을 복원하려는 연구를 계속하는 것은 단순히 사라진 동물을 보고 싶은 마음 때문만은 아니에요. 망가진 생태계를 되살리고 생태계를 보호하는 방법을 찾기 위한 노력이기도 해요.

오~ 매머드 선생을 빨리 만나 보고 싶군!

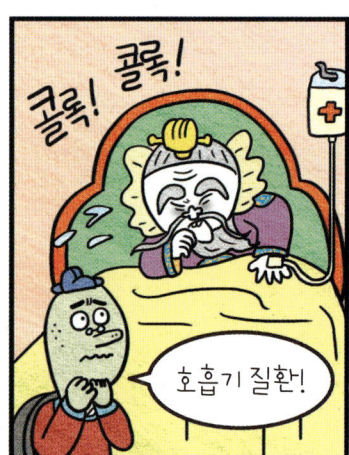

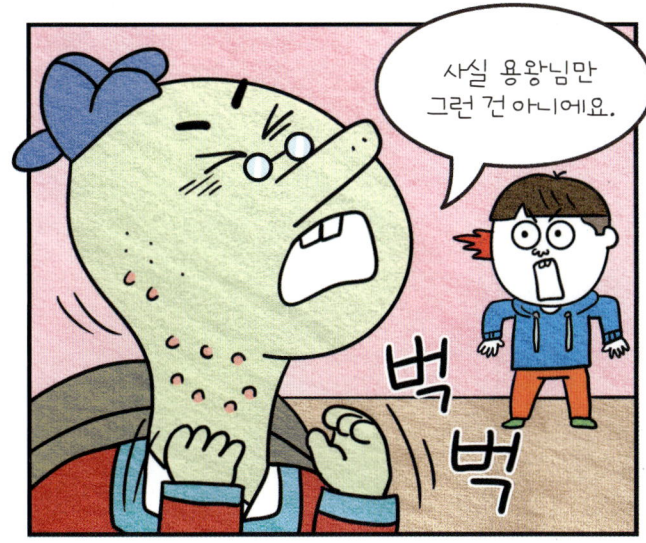

펭귄의 조상-크로스발리아

펭귄을 모델로 한 자이언트 펭TV 캐릭터 펭수는 웬만한 사람보다 더 커요. 실제로 펭귄의 조상인 크로스발리아도 몸집이 아주 커서 몬스터 펭귄이라고 한답니다.

아주 오래전에 뉴질랜드 주변은 바다 위로 솟은 커다란 땅덩어리였어요. 질랜디아 대륙이라고 불리는 이곳은 약 6,000만 년 전에 바닷속으로 가라앉아 현재는 뉴질랜드와 그 주변 섬나라만 남아 있어요.

고대 펭귄은 오랫동안 질랜디아 대륙에서 살다가 대륙이 바닷속으로 가라앉으며 뿔뿔이 흩어졌어요. 물속을 헤엄칠 수 있도록 진화하면서 바다를 통해 세계로 퍼져 나갈 수 있었지요. 또 당시 남극은 따뜻하고 숲이 울창한 곳이었지만 서서히 기후가 변해 갔어요. 그러면서 바다 생물과의 경쟁에서 졌거나, 바뀐 기후에 적응하지 못한 고대 펭귄은 멸종할 수밖에 없었어요. 동시에 세계 곳곳으로 퍼져 나간 펭귄은 다양한 모습으로 진화해 갔지요.

거대 포유류-매머드

현재 살고 있는 포유류의 조상은 대부분 신생대에 나타났어요. 어마어마한 덩치로 지구를 누비던 신생대의 거대 포유류는 약 1만 년 전, 가장 심했던 빙하기가 끝나고 따뜻한 간빙기가 찾아올 무렵에 대부분 멸종하고 말았답니다.

거대 포유류의 대표 동물인 매머드도 빙하기에 나타났어요. 매머드는 온몸이 두꺼운 지방과 수북한 털로 뒤덮여 있어 추운 빙하기를 잘 견딜 수 있었지요. 그런데 간빙기가 찾아오면서 점차 따뜻해지자 매머드는 오히려 살기 힘들어졌어요. 이처럼 빙하기에 적응해 살던 거대 포유류가 따뜻해진 날씨에 다시 적응하지 못해 멸종했다는 의견이 있어요. 그리고 인간이 매머드 멸종의 원인이라는 의견도 있어요. 사냥 기술이 발달한 인간이 매머드를 많이 사냥한 탓에 멸종했다는 거예요. 매머드 같은 거대 포유류가 한꺼번에 멸종하게 된 정확한 원인은 아직 수수께끼로 남아 있어 여전히 연구 중이랍니다.

황금두꺼비

황금두꺼비는 중앙아메리카의 코스타리카에서만 살던 희귀하고 아름다운 두꺼비예요. 1년 내내 깊은 숲에 숨어 살다가, 간혹 웅덩이로 나와 모습을 드러내곤 했지요. 바로 짝짓기를 할 때였어요. 황금두꺼비들은 짝짓기가 끝나면 웅덩이에 알을 낳고 다시 오랫동안 숨어서 지냈어요.

그런데 1960년대 중반, 갑작스러운 기후 변화로 중앙아메리카에 심각한 가뭄이 닥쳤어요. 황금두꺼비들이 봄이 되어 짝짓기를 하기 위해 웅덩이를 찾아 밖으로 나왔지만 대부분의 웅덩이가 바싹 말라 버린 탓에 알을 낳기가 어려웠어요. 축축한 땅을 겨우 찾아 알을 낳아도 올챙이로 부화하기도 전에 알은 말라 버렸지요.

그 뒤로 개체 수는 서서히 줄어들었고, 결국 황금두꺼비는 1989년 이후에 모습을 완전히 감추었어요.

캐롤라이나앵무

1918년, 미국의 한 동물원에서 마지막 한 마리 남은 캐롤라이나앵무가 죽었어요. 이로써 캐롤라이나앵무는 멸종하고 말았지요.

북아메리카에서 살던 캐롤라이나앵무는 과일을 좋아했어요. 그 때문에 과수원의 농부들에게 캐롤라이나앵무는 눈엣가시였지요. 많은 캐롤라이나앵무가 농부들의 총에 맞아 죽었어요.

이들이 멸종한 결정적인 이유가 하나 더 있어요. 캐롤라이나앵무는 나무 속 구멍에 둥지를 만들고 살았어요. 그런데 미국으로 이주해 온 유럽인들이 양봉*을 하기 위해 데려온 꿀벌이 문제가 되었어요. 이 꿀벌도 나무 속 구멍에 집을 짓는 곤충이었거든요. 꿀벌은 나무 구멍을 차지하기 위해 앵무새를 내쫓거나 침을 쏘아 죽였어요. 꿀벌은 그 수가 너무 많았기에 나무 구멍은 모두 꿀벌의 차지가 되었지요.

꿀벌과의 경쟁에서 밀린 캐롤라이나앵무는 살 곳을 잃고 서서히 멸종할 수밖에 없었어요.

★ **양봉** 꿀을 얻기 위하여 벌을 기름

토종 동물을 위협하는 외래종

다른 지역에서 자연적으로, 또는 인간에 의해 들어온 생물을 외래종이라고 해요. 외래종은 그 지역에 원래 살고 있던 생물에게 피해를 입히는 경우가 많답니다. 황소개구리, 붉은귀거북, 큰입배스 등은 우리나라 생태계를 망가뜨려 온 대표적인 외래종이에요.

도도

인도양의 작고 고요한 섬 모리셔스에는 우람하게 덩치 큰 새가 살고 있었어요. 오랫동안 천적*이 없었기 때문에 하늘을 나는 법도 잊어버린 채 느릿느릿 걸으며 과일을 따 먹고 살았지요.

그런데 이 평화를 배를 타고 섬에 온 포르투갈 선원들이 깼어요. 섬에 도착한 선원들은 사람을 보고도 도망가지 않는 덩치 큰 새들을 발견했어요. 그리고 그 새에게 '바보'라는 뜻으로 '도도'라는 이름을 붙여 주었지요. 도도는 곧바로 선원들의 사냥감이 되었어요. 도도는 질기고 맛도 없었다고 해요. 하지만 포르투갈 선원들이 떠난 뒤로도 섬에 들어온 사람들은 잡기 쉬운 도도를 마구 사냥했어요. 또한 도도는 사람과 함께 온 개와 원숭이 같은 동물에 의해 목숨을 잃기도 했답니다.

인간의 욕심과 무자비한 사냥 탓에 빠르게 사라져 버린 도도는 멸종 동물의 상징으로 여겨져요.

★ **천적** 먹고 먹히는 관계에서 어떤 생물을 공격해 먹이로 삼는 생물을 이르는 말

스텔러바다소

1741년, 알래스카를 탐험하고 돌아가던 배 한 척이 외딴섬에 도착했어요. 그 섬에는 여러 바다 동물이 있었는데, 그 가운데서도 눈에 띄는 건 커다란 바다소였어요. 뱃사람들은 배에 타고 있던 학자의 이름을 따서 이 바다소에게 '스텔러바다소'라는 이름을 붙여 주었어요.

그 섬에는 스텔러바다소가 1,500마리 정도 있었다고 해요. 몸길이가 약 8~9미터에 몸무게는 약 8~10톤에 이르는 거대한 바다소는 뱃사람들의 좋은 먹거리가 되었어요. 추운 곳에서 사는 스텔러바다소는 단단한 피부 밑에 두꺼운 지방층이 있었거든요. 사람들은 그 지방을 먹기 위해 또는 불을 피우는 데 사용하기 위해 스텔러바다소를 마구 잡이로 사냥했어요.

스텔러바다소에 대한 소문은 빠르게 퍼졌어요. 많은 배가 작은 섬으로 모여들었고, 사냥꾼들은 스텔러바다소의 지방과 고기와 가죽을 얻기 위해 이들을 마구 잡아들였어요. 스텔러바다소는 동료가 공격을 받으면 모여들어 돕는 습성이 있었기 때문에 더 쉽게 잡히고 말았답니다. 결국 스텔라바다소는 발견된 지 27년 만에 모두 멸종하고 말았어요. 인간에 의해 가장 짧은 기간 동안 멸종해 버린 씁쓸한 기록을 남긴 채 말이지요.

파란영양

 아프리카 대륙에는 신비로운 빛깔을 뽐내는 파란영양이 살았어요. 이 동물은 여러 색의 털들이 섞이면서 푸른빛을 띠었지요. 파란영양은 마지막 빙하기 이후에도 널리 분포하며 만 년 이상 살아남았으나 인간을 만난 이후 급속히 사라졌어요. 인간에게도 푸른빛의 털은 탐나는 것이었거든요. 인간들은 파란영양을 잡아 죽인 뒤, 털을 이용해 옷을 지어 입었어요. 사냥감이 되어 버린 파란영양은 인간의 욕심 때문에 그 수가 빠르게 줄어들었지요.

 파란영양이 멸종한 또 다른 이유는 유럽인들이 아프리카를 식민지로 만들면서부터였어요. 파란영양의 서식지였던 남아프리카는 금과

다이아몬드가 많이 나오는 곳이기에 일찌감치 개발되었어요. 이때 많은 유럽인이 아프리카에 들어왔는데, 이들은 목축업과 낙농업을 하기 위해 소와 양을 데려왔어요. 그 결과 초원에서의 먹이 경쟁이 심해질 수밖에 없었지요.

결국 1800년 무렵, 파란영양은 아프리카에서 인간에 의해 멸종된 첫 번째 동물이 되었어요.

포클랜드늑대

남아메리카 대륙 남동쪽에 여러 개의 섬으로 이루어진 포클랜드 제도에는 특이하게도 포유류가 단 한 종밖에 없었어요. 그 주인공은 포클랜드늑대인데, 새의 알이나 펭귄의 새끼 등을 잡아먹으며 섬의 최고 포식자 노릇을 했지요.

영국의 생물학자인 찰스 다윈은 온순한 성격의 포클랜드늑대를 보고 도도새처럼 인간에 의해 멸종될 것이라고 했어요. 그런데 정말로 그의 예언대로 되었답니다. 포클랜드를 차지한 영국인들은 포클랜드늑대의 촘촘하고 부드러운 털을 욕심 냈어요. 포클랜드늑대는 인간을 두려워하지 않고 잘 따랐기 때문에 쉬운 사냥감이었지요. 작은 섬이라 도망칠 곳도 없었던 포클랜드늑대는 결국 1876년에 멸종하고 말았어요.

우리나라 동물은 어디로 갔을까?

호랑이와 독도 강치

한국에서 살던 호랑이로는 백두산 호랑이, 시베리아 호랑이 등이 있어요. 호랑이는 1988년 서울 올림픽과 2018년 평창 올림픽의 마스코트*였을 만큼 우리나라를 상징하는 동물이며, 우리에게 친숙한 동물이지요.

과거 우리나라에는 호랑이와 표범이 많았으나 이제는 전혀 찾아볼 수 없어요. 호랑이가 우리 땅에서 사라진 결정적인 이유는 일제 강점기에 일본이 사냥꾼을 모아 조선 땅의 야생 호랑이와 표범을 잡아 죽였기 때문이에요. 인간에게 해로운 동물을 없앤다는 이유로 벌인 짓이었지요.

우리나라에서는 1921년 경주에서 죽은 호랑이가 마지막 야생 호랑이로 기록되어 있어요. 하지만 러시아·중국·북한 국경 지역 야생에는 한국 호랑이의 후손들이 아직 살아 있기 때문에 이들이 살아갈 수 있는 생태계를 복원하려고 노력하고 있어요.

울릉도와 독도에서 살던

★ **마스코트** 어떤 행사나 단체를 상징하는 물건이나 사람

독도 강치도 일제 강점기에 멸종했어요. 일본인들은 독도 강치의 가죽과 기름, 뼈를 얻기 위해 대대적으로 독도 강치를 사냥했고, 결국 독도 강치는 몇십 년 만에 완전히 사라져 버렸답니다.

따오기와 크낙새

인도의 크낙새

따오기는 겨울을 나려고 우리나라를 찾는 겨울 철새예요. 〈따오기〉라는 동요가 있을 정도로 흔히 볼 수 있는 새였지요. 하지만 1978년에 한 마리가 마지막으로 관찰된 이후 더 이상 볼 수 없어요.

따오기는 우리나라뿐만 아니라 세계 곳곳에서 모습을 감추었어요. 따오기 같은 철새들이 살 수 있는 습지가 점점 줄어들고 있기 때문이지요. 습지에서는 둥지를 틀 수 있고 개구리, 미꾸라지, 우렁이 같은 먹이를 사냥할 수도 있어요. 하지만 습지가 점점 줄고, 농약 사용으로 새의 먹이가 되는 생물도 줄어들었지요. 이런 환경 탓에 우리나라의 야생 따오기는 멸종하고 말았어요.*

크낙새는 딱따구리과에 속하는 새예요. 동남아시아와 인도를 중심으로 널리 분포하는데, 우리나라의 크낙새는 한반도 중부 지역에서만 사는 귀한 새이지요. 하지만 1990년대 이후로 발견된 적이 없어 사실상 우리나라에서는 멸종했다고 보고 있어요. 크낙새는 20년 이상 오래된 나무에만 구멍을 뚫어 둥지를 만드는데, 숲이 파괴되고 먹이를 구하기 힘들어 멸종했을 거라고 추측한답니다.

★ 우리나라는 2008년부터 중국에서 들여온 따오기 한 쌍으로 따오기 복원 사업을 진행하고 있어요.

지금까지 사라진 동물

고대 동물의 멸종

- **고대 펭귄:** 펭귄의 조상인 크로스발리아는 몸집이 아주 커서 몬스터 펭귄이라고 함. 고대 펭귄은 뉴질랜드 주변의 질랜디아 대륙에서 살다가 대륙이 바닷속으로 가라앉으며 세계로 퍼져 나감. 고대 펭귄은 기후 변화에 적응하지 못해 멸종되었으나 세계 곳곳으로 퍼져 나간 펭귄은 다양한 모습으로 진화함.
- **매머드:** 거대 포유류의 대표 동물인 매머드는 빙하 시대에 나타남. 온몸이 두꺼운 지방과 털로 뒤덮여 있어 추운 빙하기를 잘 견뎠으나 따뜻한 간빙기에 적응하지 못해 멸종했다고 추측함. 인간의 지나친 사냥으로 멸종했다는 의견도 있음.

서식지 파괴로 멸종

- **황금두꺼비:** 중앙아메리카의 코스타리카에서만 살던 희귀한 두꺼비. 갑작스러운 기후 변화로 심각한 가뭄이 닥쳐, 황금두꺼비가 알을 낳을 웅덩이가 말라 버리는 바람에 멸종함.
- **캐롤라이나앵무:** 캐롤라이나앵무는 나무 구멍에 둥지를 만들고 사는데, 사람들이 양봉을 하기 위해 데려온 꿀벌도 나무 구멍에 집을 짓고 사는 곤충임. 꿀벌과의 서식지 경쟁에서 밀린 캐롤라이나 앵무는 멸종함.

인간의 사냥으로 멸종
- **도도새**: 천적이 없어 날지 못하는 도도새는 인간의 욕심과 무자비한 사냥으로 멸종됨.
- **스텔러바다소**: 추운 곳에 사는 스텔러바다소의 지방과 고기, 가죽을 얻기 위해 사람들이 마구잡이로 사냥함. 결국 스텔러바다소는 발견된 지 27년 만에 모두 멸종됨.

인간의 욕심으로 멸종
- **파란영양**: 아프리카에서 인간에 의해 멸종된 첫 번째 동물. 푸른빛 털을 탐낸 인간의 사냥으로 파란영양의 수가 빠르게 줄어듦. 유럽인들이 데리고 온 동물과의 먹이 경쟁에서도 밀려 결국 멸종함.
- **포클랜드늑대**: 촘촘하고 부드러운 털을 욕심 낸 인간 때문에 멸종함.

우리나라 멸종 동물
- **호랑이**: 일제 강점기에 일본이 사냥꾼을 모아 호랑이를 사냥해 멸종함.
- **독도 강치**: 일제 강점기에 일본인들이 독도 강치의 가죽과 기름, 뼈를 얻기 위해 대대적으로 사냥하면서 멸종함.
- **따오기**: 철새들이 사는 습지가 줄고, 농약 사용으로 먹이가 되는 생물이 줄어들면서 멸종함.
- **크낙새**: 숲이 파괴되고 먹이를 구하기 힘들어 멸종했을 거라고 추측함.

한걸음 더!

벌이 멸종하면 인간도 위험해!

현재 세계 곳곳에서는 줄어드는 벌을 지켜야 한다는 목소리가 커지고 있어요. 지구에서 벌이 사라진다면 어떤 일이 생길까요?

식물을 위한 일꾼, 벌

벌이 하는 가장 중요한 일은 식물의 수분(가루받이)을 돕는 거예요. 수분이란 수술의 꽃가루가 암술에 옮겨지는 걸 뜻해요. 벌이 꽃가루를 옮겨 주기 때문에 식물이 열매를 맺고 씨앗을 만들어 자손을 퍼뜨릴 수 있지요.

유엔 식량 농업 기구에 따르면 전 세계 식량의 90퍼센트를 차지하는 100대 농작물 중에서 약 71종의 수분을 벌이 담당한다고 해요. 인류에게 필요한 농작물을 재배하는 데 벌의 도움이 반드시 필요하다는 뜻이지요.

그런데 최근 들어 벌의 개체 수가 크게 줄고 있어요. 실제로 우리나라 과수원에서도 벌이 하는 수분이 크게 줄어들어서 꽃가루를 따로 구입해 인공적으로 수분하는 곳이 많아요.

벌이 줄어드는 이유

그렇다면 벌이 줄어드는 가장 큰 이유는 무엇일까요? 학자들은 기후 변화

때문이라고 말하고 있어요. 유럽과 북미에서는 온도가 높아지는 이상 고온 현상이 자주 발생하여 벌의 개체 수가 30퍼센트나 줄었다는 연구 자료가 발표되었어요.

전 세계에서 사용하는 스마트폰의 전파가 곤충에게 영향을 준다는 연구 결과도 있어요. 무선 인터넷 같은 신호망은 곤충의 소통을 방해하고, 비행 능력도 떨어지게 만든다는 것이지요. 앞으로 이동 통신 기술이 발달할수록 피해를 받는 곤충의 수와 종류는 더 늘어날 거예요.

사라지는 속도가 너무 빨라서 이미 벌은 멸종 단계에 들어선 걸로 봐야 한다는 의견도 있어요. 대부분의 벌이 수십 년 내에 영원히 사라질 거라는 예측도 나왔지요.

지구의 중요한 일꾼인 벌이 사라지면 식물의 번식이 어려워져서 식물도 점차 사라져요. 그렇게 되면 지구 온난화는 더 빨라지고, 인간을 포함한 동물뿐만 아니라 우리가 살고 있는 지구까지 위험해지겠지요. 벌을 지키는 것은 지구를 지키는 것과 다르지 않다는 점, 잊지 마세요!

얼마 남지 않은 동물

멸종할 위기에 놓였거나 앞으로 멸종할 우려가 있는 야생 생물을 '멸종 위기 야생 생물'이라고 해요. 우리나라는 환경부에서 멸종 위기 야생 생물을 두 개의 등급으로 나누어 정하고, 이 생물들을 '야생 생물 보호 및 관리에 관한 법률'에 따라 보호하고 있어요. 멸종 위기 야생 생물은 함부로 잡거나 다루면 안 되고, 식물을 캐거나 동물을 잡으려고 그물이나 덫을 놓아도 법의 처벌을 받게 돼요.

우리나라 멸종 위기 야생 생물

2018년 환경부에서 정한 우리나라 멸종 위기 야생 생물은 식물과 균류를 포함해 모두 267종이에요. 우리나라는 멸종 위기 야생 생물을 1급과 2급으로 분류해 관리하고 있어요.

1급은 멸종 위기에 놓인 야생 동식물로 현재 60종이며, 늑대와 산양 등이 있어요. 2급은 가까운 미래에 멸종할 위기에 놓인 야생 동식물로서 207종이며 담비와 물개 등이 여기에 속해요.

전체 종수 267종	
포유류 20종	조류 63종
양서류 4종	파충류 4종
어류 27종	곤충류 26종
무척추동물 32종	육상식물 88종
해조류 2종	고등균류 1종

국립생태원 멸종 위기종 복원 센터 홈페이지에서 우리나라 멸종 위기 생물에 대해 더 자세히 알아볼 수 있어!

세계 멸종 위기 야생 생물 목록

세계 곳곳, 멸종 위기에 놓인 동식물이 없는 나라는 없어요. 국제 자연 보전 연맹(IUCN)에서는 멸종 위기에 놓인 동식물 보고서를 2~5년마다 발표하고 있어요. 180개국의 만여 명의 과학자들이 참가해 만드는 이 보고서에는 그 위험성을 알리기 위해 '적색 목록'이라는 이름이 붙여졌지요. 현재 사용되는 적색 목록은 9개의 등급으로 분류되어 있어요.

- **절멸**: 완전히 멸종되어 개체가 하나도 남아 있지 않음.
- **야생 절멸**: 야생에서는 멸종했으나 동물원 등 인위적 서식지에는 살아 있음.
- **위급**: 야생 상태에서 멸종할 위험이 심각함.
- **위기**: 야생 생태에서 멸종할 위험이 높음.
- **취약**: 야생에서 멸종 위기에 놓일 가능성이 높음.
- **준위협**: 멀지 않은 미래에 멸종 위험이 닥칠 가능성이 있음.
- **최소 관심**: 아직 멸종할 위험이 낮음.
- **정보 부족**: 멸종 위험을 판단하기에 정보가 부족한 상태임.
- **미평가**: 아직 평가하지 않음.

우린 '위급' 등급의 수마트라 오랑우탄이야. 우리가 지구에서 사라지지 않도록 자연을 아끼고 보호해 줘!

멸종 앞에 놓인 우리

국제 자연 보전 연맹은 2020년 한 해 동안 전 세계에서 31종이 멸종했고, 3만 5,765종이 멸종 위기종으로 추가되었다고 발표했어요. 우리가 모르는 생물이 아직 엄청 많다는 걸 감안하면 실제로는 훨씬 더 많은 생물이 사라지고 있을지도 몰라요.

사슬처럼 촘촘하게 얽혀 있는 생태계

생태계는 사슬처럼 촘촘하게 얽혀 있어서 생물은 서로 영향을 주며 살아가고 있어요. 한 종이 사라지면 영향을 받은 다른 생물 종도 사라질 수 있어요. 가령 벌이 사라지면 식물의 번식이 어려워져서 식물도 사라지고, 그렇게 되면 인간을 포함한 동물도 영향을 받을 수밖에 없지요. 생태계의 붕괴는 이렇게 연쇄적으로 이루어져요.

생물 다양성의 중요성

생물 다양성이란 지구 생태계에 존재하는 모든 생명을 뜻해요. 다양한 생물이 다양한 생태계 환경에 사는 것이 곧 생물 다양성이라는 뜻이지요. 생태계는 젠가 게임에서 블록들이 촘촘히 얽혀 있는 것과 비슷해요. 멸종으로 생물 다양성이 줄어든다는 것은 블록이 많이 빠져나가서 언제 무너질지 예상할 수 없는 상태가 된다는 말이에요.

생물 다양성을 위협하는 가장 큰 원인으로는 환경 오염을 꼽아요. 인간이 태운 어마어마한 양의 화석 연료는 지구의 온도를 높였고, 이에 적응하지 못한 생물은 결국 멸종하고 말지요. 또 생물 중에서도 오로지 인간만이 강과 바다를 오염시키고, 숲과 산을 망가뜨려서 다른 생물의 터전을 빼앗아 멸종에 이르게 만들어요.

더 이상의 멸종을 막으려면 생물 하나하나에 대한 관심도 중요하지만, 다양한 생물이 다시 함께 어우러져 살아갈 수 있도록 노력하는 것도 중요해요.

TIP 4월 1일은 만우절? 멸종 위기종의 날!

4월 1일은 만우절입니다. 그런데 이날은 환경부에서 지정한 '멸종 위기종의 날'이기도 해요. 멸종 위기종의 날은 1987년 4월 1일 법으로 멸종 위기 야생 생물을 지정했던 날을 기념하고, 멸종 위기종의 보전 가치를 널리 알리기 위해 2021년 처음 선포됐어요. 이제 4월 1일을 만우절로만 기억하지 말고, 멸종 위기종의 날이라는 것도 같이 기억해 주세요!

지구를 되살리려면?

숲을 되살리자!

숲은 엄청나게 많은 종이 살아가는 생태계예요. 특히 전 세계 생물 다양성의 60~75퍼센트가 열대 우림에 집중되어 있어요. 그런데 지난 2015년부터 2020년까지 아마존 열대 우림은 축구 경기장 4만 500개의 넓이에 해당하는 곳이 파괴되었어요. 숲이 파괴되면서 다양한 생물이 살 곳을 잃었어요.

학자들은 숲을 되살리는 것이 기후 변화를 막을 수 있는 가장 좋은 방법이라고 해요. 인간이 만드는 탄소가 지구의 온도를 높이는데, 숲이 그 탄소를 흡수하기 때문이에요. 화석 연료의 사용을 줄이는 것과 동시에 숲을 보호하려는 노력을 함께 실천해야만 해요.

바다를 깨끗하게!

강은 인간이 만든 폐수가 가장 먼저 버려지는 곳이에요. 생활 오염수와 살충제, 농장에서 버려지는 가축 폐수 등이 강을 오염시키고 있지요. 기후 변화 때문에 바다는 많은 피해를 입어요. 수온이 올라가 바

닷물이 따뜻해지면서 바다의 열대 우림이라고 할 수 있는 산호초 지대가 죽어 가고 있어요.

바다로 흘러드는 엄청난 양의 쓰레기도 문제예요. 쓰레기 문제를 해결하기 위해 달리기나 산책을 하며 쓰레기를 줍는 '플로깅' 문화가 전 세계로 퍼져 나가고 있어요.

환경도 보호하고, 우리의 건강도 지키고!

빙하를 지키자!

극지방은 몹시 춥기 때문에 다른 곳에 비해 생물 다양성이 낮지만 이곳에도 많은 생물이 살고 있답니다. 그런데 기후 변화는 극지방에도 심각한 영향을 끼쳤어요. 빙하가 녹으면서 동물은 살 곳을 잃었고, 개체 수도 급격하게 줄어들고 있어요.

빙하는 점점 빠르게 녹고 있어요. 빙하가 녹은 물이 바다로 흘러 들어가면 바닷물의 온도와 흐름 등에 변화가 일어날 거예요. 그리고 이것은 더 큰 위험을 일으킬 수 있어요. 끔찍한 재난을 피하기 위해서라도 기후 변화를 막기 위한 실천에 동참해야 해요.

멸종 위기 동물을 보호하자!

반달가슴곰

반달가슴곰은 예전에는 한반도에 널리 퍼져 살았어요. 하지만 일제 강점기 때 인간에게 해로운 동물로 지정되어 사냥되었고, 곰의 쓸개가 몸에 좋다는 이유로도 끊임없이 사냥되었어요. 그리하여 현재는 지리산, 설악산, 태백산 등에 적은 수만이 남아 있고 멸종 위기 야생 생물 1급으로 정해져 보호를 받고 있답니다.

반달가슴곰이 멸종될 것을 우려해 2004년 지리산 국립 공원에서 복원 사업이 시작되었어요. 러시아, 북한, 중국에 서식하는 반달가슴곰을 데려와 야생 적응 훈련을 마친 뒤 지리산에 풀어 주었지요. 그리고 우리 땅에서 생존하며 번식할 수 있도록 위치를 추적하고 정기적으로 건강 검진을 하고 있어요. 이런 다양한 노력 끝에 2022년 현재 79마리의 반달가슴곰이 지리산 일대에서 살고 있어요.

철새

우리나라는 계절이 바뀔 때마다 많은 철새가 찾아와요. 그런데 대부분의 철새가 멸종 위기에 놓이면서 이들을 복원하기 위한 노력이 필요해졌어요. 철새는 이동 거리가 길기 때문에 여러 나라가 협력해야 한다는 특징도 있어요.

우선 따오기와 황새, 저어새, 기러기 같은 철새가 살아갈 수 있도록 서식지인 하천 환경을 바꾸는 노력이 필요했어요. 하천 인근의 논과 밭은 철새가 먹이를 구하는

조류 충돌 방지 스티커를 붙인 방음벽

곳이기 때문에 농약을 적게 쓰는 친환경 농법을 지원하고, 새들이 높은 건물의 유리창이나 방음벽에 부딪히지 않도록 조류 충돌 방지 스티커를 붙이는 사업도 진행하고 있어요. 최근에는 복원 사업으로 번식에 성공해 모습을 감추었던 철새가 다시 나타나기도 했답니다.

점박이물범

한때 서해 바다에만 8,000여 마리가 살던 점박이물범은 무분별한 사냥으로 수가 크게 줄어들었고, 멸종 위기종으로 지정되었어요. 그런데 점박이물범이 중국에서 새끼를 낳은 뒤 우리나라 백령도 인근을 찾아온다는 사실을 알게 되었어요. 그래서 해양수산부와 인천시, 시민 단체가 힘을 모아 백령도 바다 한가운데에 점박이물범들이 지낼 수 있는 인공 쉼터를 만들었답니다. 이제 이곳에서 점박이물범이 쉬는 모습을 어렵지 않게 볼 수 있다고 해요.

ⓒ한국관광공사 사진갤러리-김창환

환경 오염과 멸종

우리나라의 멸종 위기 야생 생물

- **멸종 위기 야생 생물**: 멸종 위기에 놓였거나 앞으로 멸종할 우려가 있는 야생 생물. 우리나라는 환경부에서 멸종 위기 생물을 두 개의 등급으로 나누어 정하고 보호하고 있음. 멸종 위기 야생 생물을 함부로 잡거나 다루면 법의 처벌을 받게 됨. 2018년 환경부에서 정한 우리나라 멸종 위기 야생 생물은 모두 267종임.

세계 멸종 위기 야생 생물 목록

- **적색 목록**: 국제 자연 보전 연맹에서 발표하는 멸종 위기에 놓인 동식물 보고서. 현재 사용되는 적색 목록은 9개의 등급으로 분류됨.
  - **절멸**: 완전히 멸종되어 개체가 하나도 남아 있지 않음.
  - **야생 절멸**: 야생에서는 멸종했으나 동물원 등 인위적 서식지에는 살아 있음.
  - **위급**: 야생 상태에서 멸종할 위험이 심각함.
  - **위기**: 야생 생태에서 멸종할 위험이 높음.
  - **취약**: 야생에서 멸종 위기에 놓일 가능성이 높음.
  - **준위협**: 멀지 않은 미래에 멸종 위험이 닥칠 가능성이 있음.

- **최소 관심**: 아직 멸종할 위험이 낮음.
- **정보 부족**: 멸종 위험을 판단하기에 정보가 부족한 상태임.
- **미평가**: 아직 평가하지 않음.

위협받는 생물 다양성
- **생물 다양성**: 지구 생태계에 존재하는 모든 생명을 뜻함. 다양한 생물이 다양한 생태계 환경에 사는 것이 곧 생물 다양성이라는 의미임.
- 생물 다양성을 위협하는 가장 큰 원인은 환경 오염임. 인간이 사용한 많은 양의 화석 연료는 지구의 온도를 높였고, 이에 적응하지 못한 생물은 결국 멸종함. 인간이 강과 바다를 오염시키고 숲과 산을 훼손해서 다른 생물의 터전을 빼앗아 멸종에 이르게 함.

멸종 위기 동물 보호를 위한 노력
- **반달가슴곰**: 현재 멸종 위기 야생 생물 1급으로 정해져 보호받고 있음. 반달가슴곰 복원 사업이 시작됨.
- **철새**: 철새의 서식지인 하천 환경을 바꾸려고 노력함. 하천 인근의 논과 밭은 철새가 먹이를 구하는 곳이기 때문에 농약을 적게 쓰는 친환경 농법을 지원하고, 조류 충돌 방지 스티커를 붙여 새가 높은 건물의 유리창이나 방음벽에 부딪히지 않도록 함.
- **점박이물범**: 백령도 바다 한가운데에 물범들이 지낼 수 있는 인공 쉼터를 만듦.

한걸음 더!

모피와 악어 가죽, 오리털의 진실

모피란 동물의 털이 붙은 가죽을 말해요. 모피로 한 벌의 옷을 만들려면 많은 동물이 필요해요. 모피 코트 한 벌을 위해 북극여우 20마리가 희생되어야 할 정도이지요. 인간은 모피를 얻기 위해 여우, 토끼, 미국 밍크, 너구리, 담비 같은 동물을 마구잡이로 사냥해요. 더 많은 모피를 얻기 위해 동물을 가둬 키우기도 해요. 철창에 갇힌 동물은 옴짝달싹 못 한 채 가공된 사료만을 먹으며 길러져요. 몸집을 빨리 키우기 위해서라고 하지요.

다 길러진 동물은 산 채로 가죽이 벗겨져요. 죽은 뒤에 가죽을 벗기면 모피의 상태가 뻣뻣하고 좋지 않기 때문이에요. 상상만 해도 정말 끔찍하지요? 모피를 만들기 위해 태어난 동물은 결국 털이 뽑히거나 가죽이 벗겨진 채 고통스럽게 죽음을 맞이해요. 매년 수억 마리의 동물이 모피 때문에 목숨을 잃어요.

가죽 때문에 희생당하는 악어

태국에는 적색 목록의 '위급' 등급에 오른 샴악어가 있어요. 이 악어는 악어 가죽을 구하려는 인간에 의해 마구잡이로 붙잡혔어요. 샴악어 말고도 나일악어, 앨리게이

터 등의 악어와 심지어는 뱀까지 가죽으로 쓰이기 위해 무자비하게 희생당했어요. 멸종했거나 멸종 위기에 놓인 악어들이 많아지자 악어 가죽은 귀한 상품이 되었고, 그래서 더욱 비싼 가격에 팔리는 일들이 벌어지고 있답니다.

털 때문에 고통받는 오리와 거위
겨울에 흔히 입는 외투 중에는 오리털이나 거위털이 빵빵하게 채워져 있는 옷들이 있어요. 털을 제공하기 위해 길러진 오리와 거위는 태어난 지 10주가 지난 뒤부터 살아 있는 채로 털이 뽑혀요. 6주 정도면 털이 다시 자라기 때문에 평생 5~15회 정도 산 채로 털을 뽑히지요.
인간은 아주 오래전부터 동물에게서 고기와 털, 가죽을 구해 왔어요. 먹고살기 위한 사냥은 비난받을 수 없겠지요. 하지만 언제부터인가 인간의 욕심 때문에 많은 동물이 희생당하면서 결국 멸종한 동물도 있어요.
기술이 발전하면서 동물에게서 얻을 수 있는 것들을 인공적으로 만들 수 있게 되었어요. 이제 동물이 불필요하게 희생당하는 일은 없어져야만 해요.

5화
모이면 힘이 세!

사회 멸종을 막기 위한 노력

- 멸종 위기 동물 보호에 앞장선 세계 기구
- 우리나라의 멸종 위기 동물을 위한 기관

한눈에 쏙   멸종을 막기 위한 노력
한 걸음 더   동물학자 제인 구달

 ## 멸종 위기 동물 보호에 앞장선 세계 기구

국제 자연 보전 연맹

적색 목록을 만들어 알리는 국제 자연 보전 연맹(IUCN, International Union for Conservation of Nature)은 세계 최대 규모의 환경 보호 관련 국제기구예요. 제2차 세계 대전으로 자연이 심하게 파괴되자, 심각성을 느낀 세계 각국이 힘을 모아 만들었답니다. 지금은 87개국의 1만여 명이 넘는 전문가들이 국제 자연 보전 연맹에서 일하고 있어요.

동식물을 보호하고, 동식물이 살아갈 환경을 지키기 위해서는 여러 나라가 힘을 모아야 하므로 국제 협력을 이끌어 내는 데 힘쓰고 있어요. 또한 야생 동식물의 서식지와 환경을 보호하기 위해 연구 조사하고 있지요. 우리나라는 1966년에 가입했어요.

세계 자연 기금

스위스에 본부를 두고 있는 세계 자연 기금(WWF, World Wide Fund For Nature)은 생물 다양성을 보존하고 환경 오염을 막기 위해 1961년에 설립되었어요. 지구는 다양한 생명

체가 어우러져 살아가야 하는 곳이므로 인류가 동식물과 자연에 나쁜 영향을 미치지 않도록 알리고, 도움이 필요한 곳에 후원하는 일을 해요. 호랑이와 판다, 북극곰 같은 멸종 위기 동물을 보호하기 위한 캠페인도 벌이고 있어요. 세계 자연 기금의 상징도 멸종 위기종인 판다랍니다.

그린피스

그린피스는 녹색(green)의 지구와 평화를 뜻하는 피스(peace)를 합해 만들어진 이름이에요. 지구의 평화를 위협하는 핵 실험에 반대하기 위해 세워졌다가, 지금은 지구의 환경 문제를 알리고 해결하는 데도 앞장서고 있는 국제 환경 단체예요. 정부나 기업의 도움 없이 시민들의 힘으로 운영되고 있는 대표적인 비정부 기구랍니다.

멸종 위기에 놓인 야생 동물을 보호하기 위한 환경 운동과 고래 사냥을 막고 지키려는 단체로 유명해요.

우리나라의 멸종 위기 동물을 위한 기관

국립생태원 멸종 위기종 복원 센터

우리나라에서 사라졌거나 멸종 위기에 놓인 야생 생물을 위해 2018년에 세워진 전문 연구 기관이에요. 인간과 자연이 함께 살 수 있는 건강한 생태계를 회복하는 것을 목표로 우리나라의 멸종 위기 생물을 보호하고 복원하는 연구를 진행하고 있어요.

연구실과 실험실이 갖추어져 있고, 야생 동물이 자연에 적응할 수 있도록 훈련하는 훈련장과 연습장도 마련해 두었다고 해요. 멸종 동물에 대한 의식을 높이기 위해 어른과 어린이를 위한 교육 프로그램도 진행하고 있다고 합니다.

· 멸종 위기종 복원 센터: 경상북도 영양군 영양읍 고월길 23

장생포 고래 박물관

고래잡이가 활발했던 울산 장생포에는 우리나라에 단 하나뿐인 고래 박물관이 있어요. 고래잡이의 역사와 함께 사냥에 쓰였던 도구들도 전시해 놓았답니다. 해양 생태계를 알리는 고래 생태 체험관과 고래잡이가 활발하던 당시 마을의 분위기를 엿볼 수 있는 고래 문화 마을까지 둘러보면 멸종 위기를 맞은 고래가 우리 바다를 다시 헤엄치는 날을 더욱 간절히 기다리게 될 거예요.

- 장생포 고래 박물관, 고래 생태 체험관: 울산광역시 남구 장생포고래로 244
- 고래 문화 마을: 울산광역시 남구 장생포고래로 271-1

지리산 반달가슴곰 생태 학습장

이곳에서는 지리산 반달가슴곰 복원 사업과 곰들이 살고 있는 생태에 대해 알리고 있어요. 지리산에 적응하지 못하고 돌아온 반달가슴곰들을 이곳에서 돌보고 있기 때문에 복원 사업을 더욱 생생하게 엿볼 수 있답니다.

안내원이 진행하는 탐방 프로그램에 참여해 반달가슴곰이 살아가는 환경을 직접 살펴볼 수도 있어요. 반달가슴곰을 비롯한 여우, 산양 등 멸종 위기 야생 동물 관련 상품도 판매하고 있는데 이 수익금은 멸종 동물의 복원 사업을 위해 쓰인다고 해요.

- 국립공원공단 종 복원 기술원(지리산 반달가슴곰 생태 학습장): 전라남도 구례군 마산면 화엄사로 402-31

멸종을 막기 위한 노력

멸종 위기 동물 보호에 앞장선 세계 기구

- **국제 자연 보전 연맹(IUCN):** 적색 목록을 만들어 알리는 세계 최대 규모의 환경 보호 관련 국제기구. 제2차 세계 대전으로 자연이 심하게 파괴되자 심각성을 느낀 세계 각국이 힘을 모아 만듦. 동식물을 보호하고, 동식물이 살아갈 환경을 지키기 위해 국제 협력을 이끌어 내고, 야생 동식물의 서식지와 환경을 보호하기 위해 연구·조사함.

- **세계 자연 기금(WWF):** 생물 다양성을 보존하고 환경 오염을 막기 위해 설립됨. 지구는 다양한 생명체가 어우러져 살아가야 하는 곳이므로 인류가 동식물과 자연에 나쁜 영향을 미치지 않도록 알리고, 도움이 필요한 곳에 후원하는 일을 함. 호랑이와 판다, 북극곰 같은 멸종 위기 동물을 보호하기 위한 캠페인도 벌임. 세계 자연 기금의 상징은 멸종 위기종인 판다임.

- **그린피스:** 녹색(green)의 지구와 평화를 뜻하는 피스(peace)를 합해 만들어진 이름. 지구의 평화를 위협하는 핵 실험에 반대하기 위해 세워졌으며, 지금은 지구의 환경 문제를 알리고 해결하는 데도 앞장서는 국제 환경 단체. 정부나 기업의 도움 없이 시민들의 힘으로 운영되고 있는 대표적인 비정부 기구. 고래 사냥을 막고 지키려는 단체로 유명함.

우리나라의 멸종 위기 동물을 위한 기관

- **국립생태원 멸종 위기종 복원 센터**: 우리나라에서 사라졌거나 멸종 위기에 놓인 야생 생물을 위해 2018년에 세워진 전문 연구 기관. 인간과 자연이 함께 살 수 있는 건강한 생태계를 회복하는 것을 목표로 우리나라의 멸종 위기 생물을 보호하고 복원하는 연구를 진행함. 연구실과 실험실, 야생 동물이 자연에 적응할 수 있도록 훈련하는 훈련장과 연습장이 있음. 멸종 동물에 대한 의식을 높이기 위해 어른과 어린이를 위한 교육 프로그램도 진행함.
- **장생포 고래 박물관**: 고래잡이가 활발했던 울산 장생포에 있는 우리나라에 단 하나뿐인 고래 박물관. 고래잡이의 역사와 사냥에 쓰였던 도구들을 전시해 놓음. 해양 생태계를 알리는 고래 생태 체험관과 고래잡이가 활발하던 당시 마을의 분위기를 엿볼 수 있는 고래 문화 마을도 근처에 있음.
- **지리산 반달가슴곰 생태 학습장**: 지리산 반달가슴곰 복원 사업과 곰들이 살고 있는 생태에 대해 알리고 있음. 지리산에 적응하지 못하고 돌아온 반달가슴곰들을 돌봄. 안내원이 진행하는 탐방 프로그램에 참여해 반달가슴곰이 살아가는 환경을 직접 살펴볼 수 있음.

동물학자 제인 구달

동물의 행동을 연구하는 학문을 동물 행동학이라 하고, 이런 동물의 행동을 연구하는 과학자를 동물학자라고 해요. 오늘은 동물학자 가운데에서도 침팬지 하면 떠오르는 제인 구달을 소개할게요. 제인 구달은 오랫동안 침팬지를 연구하면서 동물의 멸종을 막기 위해 힘쓰는 과학자랍니다.

아프리카에서 침팬지를 연구하다

제인 구달은 영국 런던에서 태어났어요. 어릴 때부터 동물을 사랑하던 제인 구달은 우연히 아프리카 케냐에 가게 됐어요. 그리고 그곳에서 동물과 인류의 조상을 연구하던 루이스 리키 박사 밑에서 일하게 됐지요. 루이스 리키는 진화론을 주장한 다윈처럼, 인간과 동물의 공동 조상이 있다고 주장했어요. 그는 인간과 침팬지의 비슷한 행동이 원시인의 생활 모습을 알려 주는 증거이며,

침팬지를 연구하면 그 답을 찾을 수 있을 거라 생각했지요. 그리고 제인 구달에게 그 연구를 맡겼어요. 루이스 리키의 제안으로 제인 구달의 침팬지 연구가 시작된 것이랍니다.

제인 구달이 밝혀낸 침팬지의 비밀

제인 구달은 아프리카 밀림에서 오랫동안 침팬지와 함께 지내며 침팬지를 연구했어요. 당시 동물학자는 모두 남성이었기 때문에 여성 동물학자가 밀림에 들어가 침팬지를 연구한다는 사실만으로도 사람들에게 충격을 주었지요.

제인 구달은 침팬지의 습성을 많이 밝혀냈어요. 먼저 침팬지도 사냥을 하고 고기를 먹는다는 것을 밝혀냈지요. 또 인간처럼 침팬지가 도구를 만들어 사용할 줄 알며, 가족을 이루고 서로 도우며 살아간다는 것을 알게 됐어요. 사람들은 침팬지가 인간과 많이 닮았다는 사실에 매우 놀랐어요.

침팬지의 어머니, 제인 구달

제인 구달은 자신의 연구 결과를 바탕으로 제인 구달 연구소를 세웠어요. 40년 이상을 야생 침팬지와 함께 생활한 제인 구달은 세계적인 동물학자가 되었어요.

침팬지 연구에 몰두하던 제인 구달은 침팬지가 살아가는 환경이 파괴되는 것에도 관심을 갖게 되었어요. 그래서 현재는 전 세계를 다니며 동물 보호 운동과 환경 운동을 위해 목소리를 높이고 있답니다.

워크북

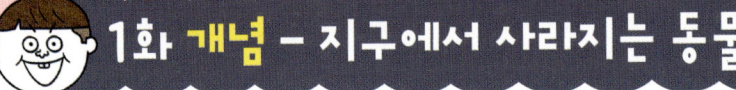 1화 개념 – 지구에서 사라지는 동물

1 다음 중 멸종에 대해 잘못 알고 있는 동물을 골라 봐요.

① 어떤 생물의 종이 세상에서 완전히 사라지는 것을 말해.

② 생물체 하나가 죽는 게 아니라, 그 후손들까지 더 이상 볼 수 없게 된 상태를 말하지.

③ 지구 위에서 살아가는 모든 생명체는 언젠가 멸종할 수 있어.

④ 크고 강한 생물은 자연이 일으킨 멸종을 피할 수 있어.

2 지구에서 일어난 대멸종에 대한 설명 중 옳은 것을 모두 골라 봐요.

① 지구 역사를 통틀어 다섯 번의 대멸종이 있었다고 해요.
② 대멸종은 많은 생물을 사라지게 하는 반면, 새로운 생명이 탄생할 기회가 되기도 해요.
③ 3차 대멸종 때 고생대를 대표하는 삼엽충 같은 많은 생물이 멸종했어요.
④ 지구 역사상 가장 규모가 큰 멸종은 공룡이 멸종한 5차 대멸종이에요.

3 다음 설명 중 틀린 것을 골라 봐요.

① 빙하기나 온난화 같은 급격한 기후 변화가 일어나면 환경에 적응하지 못한 생물은 멸종할 수 있어요.

② 수많은 동물이 살 곳이 없어서 멸종될 위기에 놓여 있어요.

③ 살충제는 농작물에 피해를 입히는 해충만 죽이기 때문에 많이 사용해도 좋아요.

④ 인간이 짐승이나 물고기 등을 무분별하게 잡아서 많은 동물이 멸종했어요.

4 멸종은 대부분 자연이 일으키는 현상 가운데 하나였어요. 그런데 최근에는 멸종의 이유가 달라졌어요. 그것은 인간 때문이에요. 인간의 어떤 행동 때문에 멸종이 일어나는 걸까요? 서술형 문항 대비 ✓

2화 과학 – 공룡과 멸종

1 다음을 읽고 괄호 안에 들어갈 알맞은 단어를 〈보기〉에서 골라 봐요.

> 과학자들은 중생대에 지구를 지배하던 (㉠)이 멸종한 원인 가운데 가장 가능성이 높은 것을 (㉡) 충돌설이라고 해요. 우주를 떠다니던 거대한 (㉡)이 지구와 부딪히자, 먼지와 불길이 하늘을 뒤덮었고 높은 파도가 육지를 휩쓸었어요. 하늘을 뒤덮은 흙먼지가 햇빛을 가려 지구의 온도는 뚝 떨어졌고, 식물은 죽어 갔어요. 따뜻한 곳에서 살던 (㉠)은 갑자기 추워진 날씨에 적응하지 못하거나 먹이를 구하지 못해 사라졌지요.

보기

매머드   공룡   호랑이   운석   태양   달

㉠ : _____   ㉡ : _____

2 다음 설명 중 틀린 것을 골라 봐요.

① 중생대에 포유류도 살고 있었어요.
② 파충류는 포유류와 달리 체온을 일정하게 유지할 수 있었어요.
③ 포유류는 환경에 적응하는 능력이 뛰어났기 때문에 대멸종에서 살아남았어요.
④ 포유류는 덩치 크고 사나운 공룡을 피하기 위해 주로 땅굴 등에 숨어 지냈어요.

3 다음에서 설명하는 것은 무엇일까요?

> • 포유류 중에서 가장 진화한 형태
> • 지능이 높고 손이 발달했음
> • 원숭이, 오랑우탄, 침팬지, 인간 등이 속해 있음

① 조류　　② 파충류　　③ 영장류　　④ 양서류

4 다음은 인류의 진화를 나타낸 그림입니다. 인류 진화에 대한 설명 중 옳은 것을 모두 골라 봐요.

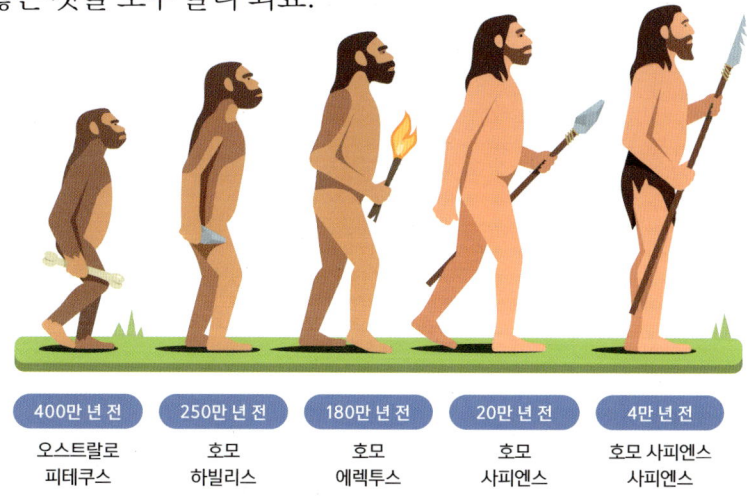

400만 년 전	250만 년 전	180만 년 전	20만 년 전	4만 년 전
오스트랄로피테쿠스	호모 하빌리스	호모 에렉투스	호모 사피엔스	호모 사피엔스 사피엔스

① 오스트랄로피테쿠스는 최초의 인류예요.

② 호모 하빌리스는 도구를 사용했고, 호모 에렉투스는 불을 이용했어요.

③ 현재 인류의 직접 조상은 호모 사피엔스예요.

④ 호모 사피엔스 사피엔스는 슬기롭고 슬기로운 사람이라는 뜻이에요.

3화 역사 – 지금까지 사라진 동물

1 다음 설명에서 말하는 동물은 무엇일까요?

> 인도양의 한 섬에는 우람하게 덩치 큰 새가 살고 있었어요. 이 새는 오랫동안 천적이 없었기 때문에 하늘을 나는 법도 잃어버린 채 느릿느릿 걸으며 과일을 따 먹고 살았어요. 그런데 이 새는 섬에 도착한 선원들의 사냥감이 되었어요. 선원들 다음으로 들어온 사람들도 잡기 쉬운 이 새를 마구잡이로 사냥했어요. 결국 이 새는 멸종하고 말았답니다.

_____

2 멸종 동물과 그 동물이 멸종한 이유에 대한 설명을 바르게 짝 지어 봐요.

황금두꺼비 ①　　　　　　㉠ 촘촘하고 부드러운 털을 욕심 낸 인간의 사냥으로 멸종함.

캐롤라이나앵무 ②　　　　㉡ 사람들이 데려온 꿀벌과의 경쟁에서 밀려 살 곳을 잃고 멸종함.

스텔러바다소 ③　　　　　㉢ 심각한 가뭄으로 알을 낳는 웅덩이가 말라 버려서 멸종함.

포클랜드늑대 ④　　　　　㉣ 두꺼운 지방과 고기, 가죽 때문에 마구 사냥당해 멸종함.

3 매머드에 대해 잘못 설명한 것을 골라 봐요.

① 거대 포유류의 대표 동물인 매머드는 빙하 시대에 나타났어요.
② 매머드는 온몸이 두꺼운 지방과 수북한 털로 뒤덮여 있어요.
③ 빙하기를 잘 견딘 매머드는 따뜻한 간빙기에도 잘 적응했어요.
④ 인간이 매머드를 너무 많이 사냥해서 멸종했다는 의견이 있어요.

4 다음 설명 중 옳은 것을 모두 골라 봐요.

① 펭귄의 조상인 크로스발리아는 지금 펭귄 정도의 크기인데 사나워서 몬스터 펭귄이라고 해요.
② 파란영양은 푸른빛 털 때문에 인간의 사냥감이 되었어요.
③ 따오기는 여름을 나려고 우리나라를 찾은 여름 철새였어요.
④ 호랑이와 독도 강치는 일제 강점기에 일본인이 마구잡이로 잡아 죽인 바람에 멸종했어요.

4화 환경 – 환경 오염과 멸종

1 다음을 읽고 빈칸에 공통으로 들어가는 말을 써 봐요

> 멸종 위기에 놓였거나 앞으로 멸종할 우려가 있는 야생 생물을 (   )이라고 해요. 우리나라는 환경부에서 (   )을 두 개의 등급을 나누어 정하고 법에 따라 보호하고 있어요. (   )은 함부로 잡거나 다루면 안 되고, 식물을 캐거나 동물을 잡으려고 그물이나 덫을 놓아도 법의 처벌을 받게 돼요. 2018년 환경부에서 정한 우리나라 (   )은 식물과 균류를 포함해 모두 267종이에요.

_____

2 다음 설명 중 옳은 것을 모두 골라 봐요.

① 국제 자연 보전 연맹에서 발표하는 멸종 위기 동식물 보고서를 '청색 목록'이라고 해요.
② 반달가슴곰은 멸종 위기 야생 생물 1급으로 정해져 보호받고 있어요.
③ 철새는 이동 거리가 짧기 때문에 철새가 찾는 나라만 노력하면 돼요.
④ 멸종 위기종인 점박이물범을 위해 바다 한가운데에 인공 쉼터를 만들었어요.

3 생물 다양성에 대한 설명 중 틀린 것을 골라 봐요.

① 생물 다양성이란 지구 생태계에 존재하는 모든 생명을 뜻해요.
② 다양한 생물이 다양한 생태계 환경에 사는 것이 생물 다양성이라는 뜻이에요.
③ 멸종으로 생물 다양성이 줄어들어도 생태계는 크게 영향받지 않아요.
④ 생물 다양성을 위협하는 가장 큰 원인으로 환경 오염을 꼽아요.

4 숲은 엄청나게 많은 종이 살아가는 생태계예요. 숲이 파괴되면 어떤 일이 일어날까요? 서술형 문항 대비 ✓

105

5화 사회 - 멸종을 막기 위한 노력

1 다음 설명 중 틀린 것을 골라 봐요.

① 국제 자연 보전 연맹은 세계 최대 규모의 환경 보호 관련 국제 기구예요.

② 국제 자연 보전 연맹은 동식물을 보호하고, 동식물이 살아갈 환경을 지키기 위해 여러 나라의 협력을 이끄는 데 힘쓰고 있어요.

③ 세계 자연 기금은 생물 다양성을 보존하고 환경 오염을 막기 위해 설립되었어요.

④ 세계 자연 기금의 상징은 멸종 위기종인 북극곰입니다.

2 다음은 어떤 단체에 대한 설명일까요?

- 지구의 평화를 위협하는 핵 실험에 반대하기 위해 세워졌어요.
- 정부나 기업의 도움 없이 시민들의 힘으로 운영되는 대표적인 비정부 기구랍니다.
- 고래 사냥을 막고 지키려는 단체로 유명해요.
- 녹색의 지구와 평화를 뜻하는 영어 단어를 합해 만들어진 이름이에요.

① 유엔   ② 유니세프   ③ 그린피스   ④ 적십자

3 우리나라의 멸종 위기 동물을 위한 기관에 대한 설명 중 옳은 것을 모두 골라 봐요.

① 국립생태원 멸종 위기종 복원 센터는 우리나라의 멸종 위기 생물을 보호하고 복원하는 연구를 하고 있어요.
② 울산 장생포에는 우리나라에 단 하나뿐인 고래 박물관이 있어요.
③ 지리산 반달가슴곰 생태 학습장에서는 지리산 반달가슴곰이 살아가는 환경을 직접 살펴볼 수 있어요.
④ 지리산에서 적응하지 못하고 돌아온 반달가슴곰은 지리산 반달가슴곰 생태 학습장에서 돌보지 않고 동물원으로 보내요.

4 멸종 위기 동물을 지키기 위해 우리가 할 수 있는 일은 무엇인지 이야기해 보아요. 서술형 문항 대비 ✓

정답 및 해설

1화

1. ④
⋯ 작고 힘없는 생물도, 크고 강한 생물도 자연이 일으킨 멸종을 피할 수는 없어요. (☞16쪽)

2. ①, ②, ③
⋯ 지구 역사상 가장 규모가 큰 멸종은 3차 대멸종이에요. (☞19~21쪽)

3. ③
⋯ 살충제는 독성이 너무 강해 해충뿐만 아니라 다른 생물의 목숨도 앗아 갔어요.
(☞22~25쪽)

4. 인간이 바다를 오염시키고 숲을 사라지게 해서 살 곳을 잃은 동물이 멸종 위기에 놓여 있어요. 또 인간의 무자비한 사냥으로 많은 동물이 멸종했어요.
⋯ 인간의 여러 활동으로 많은 생물이 멸종할 수 있어요. (☞17~25쪽)

2화

1. 공룡, 운석
⋯ 과학자들은 공룡이 멸종하게 된 원인을 여러 가지로 말하고 있어요. 그중에서 가장 가능성이 높은 것은 지구와 거대한 운석의 충돌설이에요. (☞36~37쪽)

2. ②
⋯ 체온을 일정하게 유지하는 동물은 파충류가 아니라 포유류예요. (☞38쪽)

3. ③
⋯ 인간은 포유류 중에서 가장 진화한 형태인 영장류에 속해요. (☞40쪽)

4. ①, ②, ④
⋯ 현재 인류의 직접 조상은 호모 사피엔스 사피엔스예요. 호모 사피엔스는 슬기로운 사람이란 뜻으로 죽은 사람을 땅에 묻었다고 해요. (☞40~41쪽)

3화

1. 도도
⋯ 도도는 멸종된 동물의 상징으로 여겨지고 있어요. (☞56쪽)

2. ①-ㄷ, ②-ㄴ, ③-ㄹ, ④-ㄱ
⋯ 캐롤라이나앵무는 나무 속 구멍에 둥지를 만들고 살았어요. 그런데 사람들이 양봉을 하기 위해 데려온 꿀벌도 나무 속 구멍에 집을 짓는 곤충이었어요. 꿀벌은 나무 구멍을 차지하기 위해 앵무새를 내쫓거나 침을 쏘아 죽였어요. 꿀벌과의 경쟁에서 밀린 캐롤라이나앵무는 결국 살 곳을 잃어 멸종했어요. (☞54~55, 57, 59쪽)

3. ③
⋯ 간빙기가 찾아오면서 따뜻해지자 두꺼

운 지방과 수북한 털로 뒤덮인 매머드는 오히려 살기 힘들어졌어요. (☞53쪽)

4. ②, ④

⋯ 펭귄의 조상인 크로스발리아는 몸집이 아주 커서 몬스터 펭귄이라고 해요. 따오기는 겨울을 나려고 우리나라를 찾은 겨울 철새였어요. (☞52, 58~61쪽)

4화

1. 멸종 위기 야생 생물

⋯ 우리나라 멸종 위기 야생 생물은 모두 267종이에요. 멸종 위기 야생 생물 1급은 60종이고, 멸종 위기 야생 생물 2급은 207종이에요. (☞72쪽)

2. ②, ④

⋯ 국제 자연 보전 연맹에서 2~5년마다 발표하는 멸종 위기 동식물 보고서는 적색 목록이라고 해요. 철새는 이동 거리가 길기 때문에 여러 나라가 협력해야 해요. (☞73, 78~79쪽)

3. ③

⋯ 생태계는 젠가 게임처럼 블록들이 촘촘히 얽혀 있는 것과 비슷해요. 멸종으로 생물 다양성이 줄어든다는 것은 블록이 많이 빠져나가서 언제 무너질지 알 수 없는 상태가 된다는 뜻이에요. (☞75쪽)

4. 숲이 파괴되면 다양한 생물이 살 곳을 잃어버려요. 숲이 파괴되면 지구의 온도가 더 높아질 수 있어요. 등.

⋯ 학자들은 숲을 되살리는 것이 기후 변화를 막을 수 있는 가장 좋은 방법이라고 말해요. 인간이 만드는 탄소가 지구의 온도를 높이는데, 숲이 탄소를 흡수하기 때문이에요. (☞76쪽)

5화

1. ④

⋯ 세계 자연 기금의 상징은 멸종 위기종인 판다예요. (☞90~91쪽)

2. ③

⋯ 그린피스는 녹색(green)의 지구와 평화를 뜻하는 피스(peace)를 합해 만들어진 이름이에요. (☞91쪽)

3. ①, ②, ③

⋯ 지리산 반달가슴곰 생태 학습장에서는 지리산에 적응하지 못하고 돌아온 반달가슴곰들을 돌보고 있기 때문에 복원 사업을 더욱 생생하게 엿볼 수 있어요. (☞92~93쪽)

4. 각자 자유롭게 써 보세요.

⋯ (☞90~93쪽)

찾아보기

ㄱ
간빙기 ························ 22~23, 53
공룡 ································ 16, 36~37
국립생태원 멸종 위기종
복원 센터 ··························· 92
국제 자연 보전 연맹 ········· 73, 90
그린피스 ································ 91

ㄴ
남획 ································ 24~25

ㄷ
대멸종 ···························· 19~22
도도 ·· 56
독도 강치 ························ 60~61
따오기 ··································· 61

ㄹ
루시 ·· 40

ㅁ
매머드 ························ 39, 45, 53

ㅁ(먹이)
먹이 사슬 ······························· 24
멸종 ·· 16
멸종 위기 야생 생물 ············· 72
미평가 ···································· 73

ㅂ
반달가슴곰 ····························· 78
빙하 ·· 77
빙하기 ···························· 22, 53

ㅅ
살충제 ···································· 24
삼엽충 ···································· 20
생물 다양성 ··························· 75
세계 자연 기금 ················ 90~91
스텔러바다소 ························· 57

ㅇ
아마존 열대 우림 ············ 23, 76
야생 절멸 ······························· 73
영장류 ···································· 40
오스트랄로피테쿠스 ······· 40~41

온실가스 ·········· 23
운석 충돌설 ·········· 36
위급 ·········· 73
위기 ·········· 73

ㅈ
장생포 고래 박물관 ·········· 92~93
적색 목록 ·········· 73
절멸 ·········· 73
점박이물범 ·········· 79
정보 부족 ·········· 73
준위협 ·········· 73
지구 온난화 ·········· 22~23
지리산 반달가슴곰
생태 학습장 ·········· 93

ㅊ
철새 ·········· 78~79
최소 관심 ·········· 73
취약 ·········· 73

ㅋ
캐롤라이나앵무 ·········· 54~55
크낙새 ·········· 61
크로스발리아 ·········· 52

ㅍ
파란영양 ·········· 58~59
포클랜드늑대 ·········· 59
플로깅 ·········· 77

ㅎ
호랑이 ·········· 60
호모 사피엔스 ·········· 41
호모 사피엔스 사피엔스 ·········· 41
호모 에렉투스 ·········· 41
호모 하빌리스 ·········· 41
화석 ·········· 16
황금두꺼비 ·········· 54

111

초등학교 선생님이 추천한 책!

사회가 쉬워지는 통합교과 정보서
참 잘했어요 사회

글 강효미 외 | 그림 우연이 외 | 감수 초등교사모임 | 각 권 값 1~10권 10,000원, 11~15권 11,000원

15개의 필수 사회 주제야!

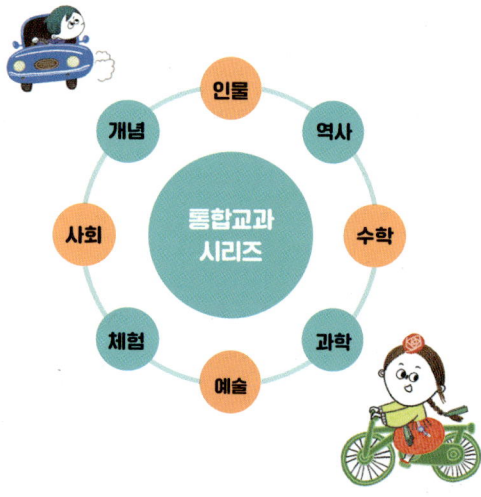

● 이 책의 특징
1. 하나의 주제를 **다양한 교과 영역**에서 접근해 정보 전달 효과 **Up!**
2. 재미있는 스토리와 서술형 평가에 대비하는 **워크북 Plus!**
3. 초등교사모임의 꼼꼼한 감수로 **내용의 정확도 Up!**

● 수상내역
- 아이스크림 추천도서
- 한우리 독서토론논술 필독도서
- 학교도서관사서협의회 추천도서
- 고래가 숨 쉬는 도서관 추천도서
- 경기도학교도서관사서협의회 선정 '초등 교과수업 연계도서'

지학사아르볼